U0600217

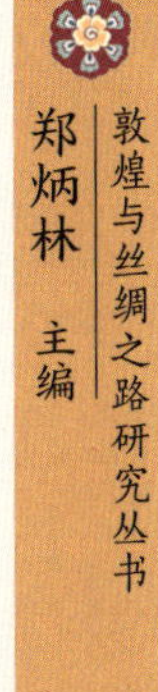

敦煌汉藏文术数书与武威西夏木板画的比较研究

陈于柱 张福慧——著

『十三五』国家重点图书出版规划项目
教育部人文社会科学重点研究基地兰州大学敦煌学研究所项目
教育部哲学社会科学创新团队『敦煌西域研究创新团队』

甘肃文化出版社
甘肃·兰州

图书在版编目（CIP）数据

敦煌汉藏文术数书与武威西夏木板画的比较研究 / 陈于柱，张福慧著. -- 兰州 ：甘肃文化出版社，2024. 12. -- （敦煌与丝绸之路研究丛书 / 郑炳林主编）.
ISBN 978-7-5490-3009-5

Ⅰ. K870.6；K879.494

中国国家版本馆CIP数据核字第2024TE0760 号

敦煌汉藏文术数书与武威西夏木板画的比较研究

DUNHUANG HANZANGWEN SHUSHUSHU YU WUWEI XIXIA MUBANHUA DE BIJIAO YANJIU

陈于柱　张福慧 | 著

策　　划 | 郧军涛
项目负责 | 甄惠娟
责任编辑 | 李　园
封面设计 | 马吉庆

出版发行 | 甘肃文化出版社
网　　址 | http://www.gswenhua.cn
投稿邮箱 | gswenhuapress@163.com
地　　址 | 兰州市城关区曹家巷 1 号 | 730030（邮编）

营销中心 | 贾　莉　王　俊
电　　话 | 0931-2131306

印　　刷 | 天津睿和印艺科技有限公司
开　　本 | 787 毫米 ×1092 毫米　1/16
字　　数 | 170 千
印　　张 | 15.5
版　　次 | 2024 年 12 月第 1 版
印　　次 | 2024 年 12 月第 1 次
书　　号 | ISBN 978-7-5490-3009-5
定　　价 | 62.00 元

兰州大学人文社会科学类高水平著作出版经费资助

国家科技支撑计划国家文化科技创新工程项目“丝绸之路文化主题创意关键技术研究”

（项目编号：2013BAH40F01）

教育部人文社会科学研究规划基金项目“敦煌汉、藏文天文气象占写本的整理与比较研究”

（项目编号：19YJA770022）

全国高等院校古籍整理研究工作委员会直接资助项目

（项目编号：1815）

甘肃省文物保护科学和技术研究课题“甘肃省博物馆藏古藏文文献的分类整理与综合研究”

（项目编号：GSWW202236）

总　序

丝绸之路是东西方文明之间碰撞、交融、接纳的通道，丝绸之路沿线产生了很多大大小小的文明，丝绸之路文明是这些文明的总汇。敦煌是丝绸之路上的一颗明珠，它是丝绸之路文明最高水平的体现，敦煌的出现是丝绸之路开通的结果，而丝绸之路的发展结晶又在敦煌得到了充分的体现。

敦煌学，是一门以敦煌文献和敦煌石窟为研究对象的学科，由于敦煌学的外缘和内涵并不清楚，学术界至今仍然有相当一部分学者否认它的存在。有的学者根据敦煌学研究的进度和现状，将敦煌学分为狭义的敦煌学和广义的敦煌学。所谓狭义的敦煌学也称之为纯粹的敦煌学，即以敦煌藏经洞出土文献和敦煌石窟为研究对象的学术研究。而广义的敦煌学是以敦煌出土文献为主，包括敦煌汉简，及其相邻地区出土文献，如吐鲁番文书、黑水城出土文书为研究对象的文献研究；以敦煌石窟为主，包括河西石窟群、炳灵寺麦积山陇中石窟群、南北石窟为主的陇东石窟群等丝绸之路石窟群，以及关中石窟、龙门、云冈、大足等中原石窟，高昌石窟、龟兹石窟以及中亚印度石窟的石窟艺术与石窟考古研究；以敦煌历史地理为主，包括河西西域地区的历史地理研究，以及中古时期中外关系史研究等。严格意义上说，凡利用敦煌文献和敦煌石窟及其相关资料进行的一切学术研究，都可以纳入敦煌学研究的范畴。

敦煌学是随着敦煌文献的发现而兴起的一门学科，敦煌文献经斯坦因、伯希和、奥登堡、大谷探险队等先后劫掠，王道士及敦煌乡绅等人为流散，现分别收藏于英国、法国、俄罗斯、日本、瑞典、丹麦、印度、韩国、美国等国家博物馆和图书馆中，因此作为研究敦煌文献的敦煌学一开始兴起就是一门国际性的学术研究学科。留存中国的敦煌文献除了国家图书馆之外，还有十余省份的图书馆、博物馆、档案馆都收藏有敦煌文献，其次台北图书馆、台北故宫博物院、台湾“中央研究院”及香港也收藏有敦煌文献，敦煌文献的具体数量没有一个准确的数字，估计在五万卷号左右。敦煌学的研究随着敦煌文献的流散开始兴起，敦煌学一词随着敦煌学研究开始在学术界使用。

敦煌学的研究一般认为是从甘肃学政叶昌炽开始，这是中国学者的一般看法。而20世纪的敦煌学的发展，中国学者将其分为三个阶段：1949年前为敦煌学发展初期，主要是刊布敦煌文献资料；1979年中国敦煌吐鲁番学会成立之前，敦煌学研究停滞不前；1979年之后，由于中国敦煌吐鲁番学会的成立，中国学术界有计划地进行敦煌学研究，也是敦煌学发展最快、成绩最大的阶段。目前随着国家“一带一路”倡议的提出，作为丝路明珠的敦煌必将焕发出新的光彩。新时期的敦煌学在学术视野、研究内容拓展、学科交叉、研究方法和人才培养等诸多方面都有了一些进展，我们将之归纳如下：

第一，敦煌文献资料的刊布和研究稳步进行。目前完成了俄藏、英藏、法藏以及甘肃藏、上博藏、天津艺博藏敦煌文献的刊布，展开了敦煌藏文文献的整理研究，再一次掀起了敦煌文献研究的热潮，推动了敦煌学研究的新进展。敦煌文献整理研究上，郝春文的英藏敦煌文献汉文非佛经部分辑录校勘工作的成果已经出版了十五册，尽管敦煌学界对其录文格式提出了不同看法，但不可否认这是敦煌学界水平最高的校勘，对敦煌学的研究起了很大的作用。其次有敦煌经部、史部、子部文献整理和俄藏敦煌文献的整理正在有序进行。专题文献整理研究工作也出现成果，如关于敦煌写本解梦书、相书的整理研究，郑炳林、王晶波在黄正建先生的研究基础上已经有了很大进展，即将整理完成的还有敦煌占卜文献合集、敦煌类书合集等。文献编目工作有了很大进展，编撰《海内外所藏敦煌文献联合总目》也有了初步的可能。施萍婷先生的《敦煌遗书总目索引新编》在王重民先生目录的基础上，增补了许多内容。荣新江的《海外敦煌吐鲁番文献知见录》《英国国家图书馆藏敦煌汉文非佛经文献残卷目录（6981—13624）》为进一步编撰联合总目做了基础性工作。在已有可能全面认识藏经洞所藏敦煌文献的基础上，学术界对藏经洞性质的讨论也趋于理性和全面，基本上认为它是三界寺的藏书库。特别应当引起我们注意的是，甘肃藏敦煌藏文文献的整理研究工作逐渐开展起来，甘肃藏敦煌藏文文献一万余卷，分别收藏于甘肃省图书馆、甘肃省博物馆、酒泉市博物馆、敦煌市博物馆、敦煌研究院等单位，对这些单位收藏的敦煌藏文文献的编目定名工作已经有了一些新的进展，刊布了敦煌市档案局、甘肃省博物馆藏品，即将刊布的有敦煌市博物馆、甘肃省博物馆藏品目录，这些成果会对敦煌学研究产生很大推动作用。在少数民族文献的整理研究上还有杨富学《回鹘文献与回鹘文化》，这一研究成果填补了回鹘历史文化研究的空白，推动了敦煌民族史研究的发展。在敦煌文献的整理研究中有很多新成果和新发现，如唐代著名佛经翻译家义净和尚的《西方记》残卷，就收藏在俄藏敦煌文献中，由此我们可以知道义净和尚在印度巡礼的情况和遗迹；其次对《张议潮处置凉州进表》拼接复原的研究，证实敦煌文献的残缺不但是在流散中形成的，而且在唐五代的收藏中为修补佛经就已经对其进行分割，这个研究引起了日本著名敦煌学家池田温先生的高度重视。应当说敦煌各类文献的整理研究都有类似的发现和研究成果。敦煌学论著的出版出现了一种新的动向，即试图对敦煌学进行总结性的出版计划正在实施，如2000年甘肃文化出版社出版的《敦煌学百年文库》、甘肃教育出版社出版的“敦煌学研究”丛书，但都没有达到应有的目的，所以目前还没有一套研究丛书能够反映敦煌学研究的整个进展情况。随着敦煌文献的全部影印刊布和陆续进行的释录工作，将敦煌文献研究与西域出土文献、敦煌汉简、黑水城文献及丝绸之路石窟等有机结合起来，可预知只有进一步拓展敦煌学研究的领域，才能促生标志性的研究成果。

第二，敦煌史地研究成果突出。敦煌文献主要是归义军时期的文献档案，反映当时敦煌政治经济文化宗教状况，因此研究敦煌学首先是对敦煌历史特别是归义军历史的研究。前辈学者围绕这一领域做了大量工作，20世纪的最后二十年间成果很多，如荣新江的《归义军史研究》等。近年来敦煌历史研究围绕归义军史研究推出了一批显著的研究成果。在政治关系方面有冯培红、荣新江关于曹氏归义军族属研究，以往认为曹氏归义军政权是汉族所建，经过他们的详细考证认为曹议金属于敦煌粟特人的后裔，这是目前归义军史研究的最大进展。在敦煌粟特人研究方面，池田温先生认为敦煌地区的粟特人从吐蕃占领之后大部分闯到粟特和回鹘地区，少部分成为寺院的寺户。经过兰州大学各位学者的研究，认为归义军时期敦煌地区的粟特人并没有外迁，还生活在敦煌地区，吐蕃时期属于丝棉部落和行人部落，归义军时期保留有粟特人建立的村庄聚落，祆教赛神非常流行并逐渐成为官府行为，由蕃部落使来集中管理，粟特人与敦煌地区汉族大姓结成婚姻联盟，联合推翻吐蕃统治并建立归义军政权，担任了归义军政权的各级官吏。这一研究成果得到学术界的普遍认同。归义军职官制度是唐代藩镇缩影，归义军职官制度的研究实际上是唐代藩镇个案研究。归义军的妇女和婚姻问题研究交织在一起，归义军政权是在四面六蕃围的情况下建立的一个区域性政权，因此从一开始建立就注意将敦煌各个民族及大姓团结起来，借助的就是婚姻关系，婚姻与归义军政治关系密切，处理好婚姻关系归义军政权发展就顺利，反之就衰落。所以，归义军政权不但通过联姻加强了与粟特人的关系，得到了敦煌粟特人的全力支持，而且用多妻制的方式建立了与各个大姓之间的血缘关系，得到他们的扶持。在敦煌区域经济与历史地理研究上，搞清楚了归义军疆域政区演变以及市场外来商品和交换中的等价物，探讨出晚唐五代敦煌是一个国际性的商业都会城市，商品来自内地及其中亚、南亚和东罗马等地，商人以粟特人为主并有印度、波斯等世界各地的商人，货币以金银和丝绸为主。特别值得我们注意的是棉花种植问题，敦煌与高昌气候条件基本相同，民族成分相近，交往密切，高昌地区从汉代开始种植棉花，但是敦煌到五代时仍没有种植。经研究，晚唐五代敦煌地区已经开始种植棉花，并将棉花作为政府税收的对象加以征收，证实棉花北传路线进展虽然缓慢但并没有停止。归义军佛教史的研究逐渐展开，目前在归义军政权的佛教关系、晚唐五代敦煌佛教教团的清规戒律、科罚制度、藏经状况、发展特点、民间信仰等方面进行多方研究，出产了一批研究成果，得到学术界高度关注。这些研究成果主要体现在《敦煌归义军史专题研究续编》《敦煌归义军史专题研究三编》和《敦煌归义军史专题研究四编》中。如果今后归义军史的研究有新的突破，那么它将主要体现在佛教等研究点上。

第三，丝绸之路也可以称之为艺术之路，景教艺术因景教而传入，中世纪西方艺术风格随着中亚艺术风格一起传入中国，并影响了中古时期中国社会生活的方方面面。中国的汉文化和艺术也流传到西域地区，对西域地区产生巨大影响。如孝道思想和艺术、西王母和伏羲女娲传说和艺术等。通过这条道路，产生于印度的天竺乐和中亚的康国乐、安国乐和新疆地区龟兹乐、疏勒乐、高昌乐等音乐舞蹈也传入中国，迅速在中国传播开来。由外来音乐舞蹈和中国古代清乐融合而产生的西凉乐，成为中古中国乐舞的重要组成部分，推进了中国音乐舞蹈的发展。佛教艺术进入中原之后，形成自己的特色又回传到河西、敦煌及西域地区。丝绸之路上石窟众多，佛教艺术各有特色，著名的有麦积山石窟、北石窟、南石窟、大象山石窟、水帘洞石窟、炳灵寺石窟、天梯山石窟、马蹄寺石窟、金塔寺石窟、文殊山石窟、榆林窟、莫高窟、西千佛洞等。祆教艺术通过粟特人的墓葬石刻表现出来并保留下来，沿着丝绸之路和中原商业城市分布。所以将丝绸之路称之为艺术之路，一点也不为过，更能体现其特色。丝绸之路石窟艺术研究虽已经有近百年的历史，但是制约其发展的因素并没有多大改善，即石窟艺术资料刊布不足，除了敦煌石窟之外，其他石窟艺术资料没有完整系统地刊布，麦积山石窟、炳灵寺石窟、榆林窟等只有一册图版，北石窟、南石窟、拉梢寺石窟、马蹄寺石窟、文殊山石窟等几乎没有一个完整的介绍，所以刊布一个完整系统的图册是学术界迫切需要。敦煌是丝绸之路上的一颗明珠，敦煌石窟在中国石窟和世界石窟上也有着特殊的地位，敦煌石窟艺术是中外文化交融和碰撞的结果。在敦煌佛教艺术中有从西域传入的内容和风格，但更丰富的是从中原地区传入的佛教内容和风格。佛教进入中国之后，在中国化过程中产生很多新的内容，如报恩经经变和报父母恩重经变，以及十王经变图等，是佛教壁画的新增内容。对敦煌石窟进行深入的研究，必将对整个石窟佛教艺术的研究起到推动作用。20世纪敦煌石窟研究的专家特别是敦煌研究院的专家做了大量的工作，特别是在敦煌石窟基本资料的介绍、壁画内容的释读和分类研究等基本研究上，做出很大贡献，成果突出。佛教石窟是由彩塑、壁画和建筑三位一体构成的艺术组合整体，其内容和形式，深受当时、当地的佛教思想、佛教信仰、艺术传统和审美观的影响。过去对壁画内容释读研究较多，但对敦煌石窟整体进行综合研究以及石窟艺术同敦煌文献的结合研究还不够。关于这方面的研究工作，兰州大学敦煌学研究所编辑出版了一套“敦煌与丝绸之路石窟艺术”丛书，比较完整地刊布了这方面的研究成果，目前完成了第一辑20册。

第四，敦煌学研究领域的开拓。敦煌学是一门以地名命名的学科，研究对象以敦煌文献和敦煌壁画为主。随着敦煌学研究的不断深入，敦煌学与相邻研究领域的关系越来越密切，这就要求敦煌学将自身的研究领域不断扩大，以适应敦煌学发展的需要。从敦煌石窟艺术上看，敦煌学研究对象与中古丝绸之路石窟艺术密切相关，血肉相连。敦煌石窟艺术与中原地区石窟如云冈石窟、龙门石窟、大足石窟乃至中亚石窟等关系密切。因此敦煌学要取得新的突破性进展，就要和其他石窟艺术研究有机结合起来。敦煌石窟艺术与中古石窟艺术关系密切，但是研究显然很不平衡，如甘肃地区除了敦煌石窟外，其他石窟研究无论是深度还是广度都还不够，因此这些石窟的研究前景非常好，只要投入一定的人力物力就会取得很大的突破和成果。2000年以来敦煌学界召开了一系列学术会议，这些学术会议集中反映敦煌学界的未来发展趋势，一是石窟艺术研究与敦煌文献研究的有力结合，二是敦煌石窟艺术与其他石窟艺术研究的结合。敦煌学研究与西域史、中外关系史、中古民族关系史、唐史研究存在内在联系，因此敦煌学界在研究敦煌学时，在关注敦煌学新的突破性进展的同时，非常关注相邻学科研究的新进展和新发现。如考古学的新发现，近年来考古学界在西安、太原、固原等地发现很多粟特人墓葬，出土了很多珍贵的文物，对研究粟特人提供了新的资料，也提出了新问题。2004 年、2014 年两次“粟特人在中国”学术研讨会，反映了一个新的学术研究趋势，敦煌学已经形成多学科交叉研究的新局面。目前的丝绸之路研究，就是将敦煌学研究沿着丝绸之路推动到古代文明研究的各个领域，这不仅仅是一个学术视野的拓展，而且是研究领域的拓展。

第五，敦煌学学科建设和人才培养得到新发展。敦煌学的发展关键是人才培养和学科建设，早在 1983 年中国敦煌吐鲁番学会成立初期，老一代敦煌学家季羡林、姜亮夫、唐长孺等就非常注意人才培养问题，在兰州大学和杭州大学举办两期敦煌学讲习班，并在兰州大学设立敦煌学硕士学位点。近年来，敦煌学学科建设得到了充分发展，1998 年兰州大学与敦煌研究院联合共建敦煌学博士学位授权点，1999 年兰州大学与敦煌研究院共建成教育部敦煌学重点研究基地，2003 年人事部博士后科研流动站设立，这些都是敦煌学人才建设中的突破性发展，特别是兰州大学将敦煌学重点研究列入国家 985 计划建设平台——敦煌学创新基地得到国家财政部、教育部和学校的 1000 万经费支持，将在资料建设和学术研究上以国际研究中心为目标进行重建，为敦煌学重点研究基地走向国际创造物质基础。同时国家也在敦煌研究院加大资金和人力投入，经过学术队伍的整合和科研项目带动，敦煌学研究呈现出一个新的发展态势。随着国家资助力度的加大，敦煌学发展的步伐也随之加大。甘肃敦煌学发展逐渐与东部地区研究拉平，部分领域超过东部地区，与国外交流合作不断加强，研究水平不断提高，研究领域逐渐得到拓展。研究生的培养由单一模式向复合型模式过渡，研究生研究领域也由以前的历史文献学逐渐向宗教学、文学、文字学、艺术史等拓展，特别是为国外培养的一批青年敦煌学家也崭露头角，成果显著。我们相信在国家和学校的支持下，敦煌学重点研究基地一定会成为敦煌学的人才培养、学术研究、信息资料和国际交流中心。在 2008 年兰州中国敦煌吐鲁番学会年会上，马世长、徐自强提出在兰州大学建立中国石窟研究基地，虽因各种原因没有实现，但是这个建议是非常有意义的，很有前瞻性。当然敦煌学在学科建设和人才培养中也存在问题，如教材建设就远远跟不上需要，综合培养中缺乏一定的协调。在国家新的"双一流"建设中，敦煌学和民族学牵头的敦煌丝路文明与西北民族社会学科群成功入选，是兰州大学敦煌学研究发展遇到的又一个契机，相信敦煌学在这个机遇中会得到巨大的发展。

第六，敦煌是丝绸之路上的一颗明珠，敦煌与吐鲁番、龟兹、于阗、黑水城一样出土了大量的文物资料，留下了很多文化遗迹，对于我们了解古代丝绸之路文明非常珍贵。在张骞出使西域之前，敦煌就是丝绸之路必经之地，它同河西、罗布泊、昆仑山等因中外交通而名留史籍。汉唐以来敦煌出土简牍、文书，保留下来的石窟和遗迹，是我们研究和揭示古代文明交往的珍贵资料，通过研究我们可以得知丝绸之路上文明交往的轨迹和方式。因此无论从哪个角度分析，敦煌学研究就是丝绸之路文明的研究，而且是丝绸之路文明研究的核心。古代敦煌为中外文化交流做出了巨大的贡献，在今天也必将为"一带一路"的研究做出更大的贡献。

由兰州大学敦煌学研究所资助出版的"敦煌与丝绸之路研究丛书"，囊括了兰州大学敦煌学研究所这个群体二十年来的研究成果，尽管这个群体经历了很多磨难和洗礼，但仍然是敦煌学研究规模最大的群体，也是敦煌学研究成果最多的群体。目前，敦煌学研究所将研究领域往西域中亚与丝绸之路方面拓展，很多成果也展现了这方面的最新研究成果。我们将这些研究成果结集出版，一方面将这个研究群体介绍给学术界，引起学者关注；另一方面这个群体基本上都是我们培养出来的，我们有责任和义务督促他们不断进行研究，力争研究出新的成果，使他们成长为敦煌学界的优秀专家。

郑炳林

凡　例

1. S.：伦敦英国国家图书馆藏敦煌文献斯坦因编号。P.：巴黎法国国家图书馆藏敦煌文献伯希和编号。P.T.：巴黎法国国家图书馆藏敦煌藏文文献伯希和编号。Дx.：圣彼得堡俄罗斯联邦科学院东方学研究所圣彼得堡分所藏敦煌文献编号。Φ：圣彼得堡俄罗斯联邦科学院东方学研究所圣彼得堡分所藏敦煌文献弗鲁格编号。Ch.：伦敦英国国家博物馆藏敦煌绢纸画编号。I.O.：英国印度事务部图书馆藏敦煌藏文写本瓦雷·普散编号。Vol.：英国印度事务部图书馆藏敦煌藏文写本编号。羽：日本杏雨书屋藏敦煌文书编号。Ch：德国国家图书馆藏吐鲁番文书编号。

2. 凡一号中有多件文书者，以件为单位进行录校。在每件文书标题前标明其原编号码。

3. 同一文书有两种以上写本者，释录到哪一号，即以该号中文书为底本，以其他写本为参校本。有传世本者，以写本为底本，以传世本为参校本。

4. 释文夹行与图式中的文字，由于技术原因，个别字句可能与原文方位并不一致。

5. 若底本有误，则保留原文，在错误文字后用（　）注出正字。

如底本有脱文，可据他本和上下文义补足，将所补之字置于〔 〕内；无他本或据文义无法补足者，在校记中说明。对有疑义的字，原字后用（?）表示。原书写者未写完或未写全者，用“以下原缺文”表示。

6. 原件中的衍文，保留原状，但在校记中注明某字或某句衍。

7. 原件中的同音假借字照录，用（ ）在该字后注出本字。

8. 原件残缺，依残缺位置用（前缺）、（中缺）、（后缺）表示。对原卷辨识不清或释读不出的字用□表示，一般每□表示缺一字。不能确知缺几个字的，▭表示上缺，▭表示下缺，中间所缺而不知字数者用▭表示，一般占三格，有时为保持原文格式，可适当延长，视具体情况而定。敦煌藏文文献残缺之处则统一用“……”表示，同样根据具体情况适当延长或缩短。

9. 凡缺字可据别本或上下文义补足时，将所补之字置于□内。原文残损，据笔画和上下文可推知某字者，径补。

目 录

绪 论

20世纪初在敦煌莫高窟藏经洞出土的五万多件古代文献，无论从数量还是从文化内涵来看，都可以说是20世纪我国最重要的文化发现。这批古文献中保存了二百多件以汉文、古藏文抄写的术数书，分别庋藏于英国国家图书馆、法国国家图书馆、圣彼得堡俄罗斯联邦科学院东方学研究所、日本杏雨书屋、中国国家图书馆、北京大学图书馆、浙江省博物馆、敦煌市博物馆、上海图书馆等单位，涵括了卜法、天文占、发病书、宅经、葬书、禄命书、梦书、相书、人神占、婚嫁占、乌鸣占、逆刺占、走失占、出行占等，最早成书于南北朝时期，多是在唐五代宋初抄写。

学界对敦煌汉、藏文术数书的整理和研究，大致分为三个阶段。自1900年敦煌文献发现至20世纪80年代，学界面临的主要困难是不易看到文书的原件或图版，所以这个阶段对敦煌术数书的研究只能就所能看到的文书进行论述，故其成果多以对某件文书个案的整理与探究形式出现。1913年罗振玉撰写了《敦煌本星占残卷跋》《敦煌本阴阳书残卷跋》，1916年又完成《唐写本卜筮书跋》；王国维则撰写《唐写本灵棋残卷跋》。以上论述虽是题跋性质的，但成为敦煌占卜文献研究的第一声。20世纪30年代，王重民先生对《易三备》《灵棋经》《阴阳书》

《白泽精怪图》《星占书》《相书》《七曜星占书》等几件重要的敦煌术数文书，就其内容、篇目及性质作了精审考辨。[①]40年代敦煌术数文献的重要研究者当推陈槃先生，他先后发表了《敦煌唐咸通抄本易三备残卷解题》《孙氏瑞应图、敦煌抄本瑞应图残卷》，对S.6015、S.6349《易三备》作了校录与考证，多有发明。1979年，陈槃又发表了《影钞敦煌写本占云气书残卷题解》，继续推动敦煌术数文献尤其是天文星占资料研究的开展。此后，马世长[②]先生、夏鼐[③]先生、黄正建[④]先生、邓文宽[⑤]先生、刘乐贤先生等，继续就各地收藏的敦煌藏经洞出土汉文星占文献展开程度不同的探讨和研究。1979年，饶宗颐先生发表《论七曜与十一曜——敦煌开宝七年（974年）康遵批命课简介》[⑥]，对敦煌禄命书P.4071中的外来因素给予了特别揭示。

20世纪80年代以后，随着各国收藏品的陆续刊布，对敦煌术数书的研究进入了以分类整理为主要特征的阶段，郑炳林、黄正建、王晶波、陈于柱、王祥伟、赵贞、关长龙、王爱和等学者相继整理出版了《敦煌本梦书》《敦煌写本相书校录研究》《敦煌五兆卜法文献校录研究》《敦煌占卜文献与社会生活》《敦煌本数术文献辑校》《敦煌写本宅经校录研究》《区域社会史视野下的敦煌禄命书研究》《敦煌吐鲁番出土发

---

① 黄永武编:《敦煌古籍叙录新编》第9册,台北:新文丰出版公司,1986年,第170页。

② 马世长:《敦煌县博物馆藏星图·占云气书残卷》,载北京大学中国中古史研究中心编《敦煌吐鲁番文献研究论集》,北京:中华书局,1982年,第507页。

③ 夏鼐:《另一件敦煌星图写本——〈敦煌星图乙本〉》,载中国社会科学院考古研究所编《中国古代天文文物论集》,北京:文物出版社,1989年,第211—222页。

④ 黄正建:《敦煌占卜文书与唐五代占卜研究》,北京:学苑出版社,2001年,第51、52页。

⑤ 邓文宽、刘乐贤:《敦煌天文气象占写本概述》,载季羡林、饶宗颐编《敦煌吐鲁番研究》第九卷,北京:中华书局,2006年,第414页。

⑥ 参见饶宗颐《选堂集林·史林》,香港:中华书局,1982年,第777—793页。

病书整理研究》《敦煌占卜文书研究》《敦煌写本宅经葬书校注》等一批成果。这一时期敦煌汉文术数书的全面研究，当推黄正建《敦煌占卜文书与唐五代占卜研究》[①]、马克《中世纪中国的占卜与社会：法国国家图书馆与大英图书馆所藏敦煌写本研究》、关长龙《敦煌本数术文献辑校》[②]，三位学者对敦煌汉文术数书开展了细致的调查、分类，逐一著录定名，并予以整理，发明极多，在敦煌术数文献研究史上具有里程碑的意义。法国与日本作为敦煌学研究重镇，对敦煌占卜文献的关注同样颇多。20世纪80年代以来，除马克先生外，戴仁、茅甘等学者对敦煌梦书、卜法、宅经、鸟占书均有所涉猎。1992年日本出版的《讲座敦煌》第5卷所收菅原信海先生的《占筮书》[③]一文，对敦煌占卜文献加以初步汇集、分类，在引起人们对敦煌术数文献的关注上发挥了重要指引作用。

学术界对敦煌藏文术数文献的研究，开始于1914年美籍德国人劳费尔（B. Lauffer）对鸟卜文献P.T.1045的研究，他讨论了吐蕃乌鸦占卜的起源问题。1957年，英国学者F.W.托马斯释读了英国伦敦印度事务部图书馆藏敦煌藏文骰卜文献。王尧、陈践两位先生，自20世纪80年代以来，对一批敦煌藏文术数书作了解题和译注，[④]极大地推动了学术界

---

① 黄正建:《敦煌占卜文书与唐五代占卜研究》(增订版)，北京：中国社会科学出版社，2014年。

② 关长龙:《敦煌本数术文献辑校》，北京：中华书局，2019年。

③［日］菅原信海:《占筮书》，载［日］池田温编《讲座敦煌》(五)“敦煌汉文文献”，东京：大东出版社，1992年，第457—459页。

④ 参见王尧、陈践编著《敦煌吐蕃文书论文集》，成都：四川民族出版社，1988年；陈践编著《吐蕃卜辞新探》，上海：上海远东出版社，2015年；郑炳林、黄维忠主编《敦煌吐蕃文献选辑·占卜文书卷》，北京：民族出版社，2016年。

在这方面研究的进展。这一时期的重要成果，还有陈楠在提供P.T.1045《乌鸣占书》新的译文基础上，进一步分析了汉藏文化交流的渊源关系；杨士宏、房继荣对敦煌藏文本乌鸣占书的整理研究[①]，有力提高了学界对此类文献的认识；黄维忠、格桑央京先后介绍并释读出多件敦煌藏文本占卜文献。近年来罗秉芬、刘英华、张福慧先后刊布介绍了一批新释读的敦煌藏文术数文献，极大推进了这一领域的研究。可以说，藏学专家在近百年的努力下，在敦煌藏文术数书的语言释读方面，为这批珍贵文献的进一步研究奠定了坚实基础。

20世纪70年代甘肃武威西夏二号墓出土的29块彩绘木板画，是研究西夏社会历史的珍贵文物，同时也是敦煌汉、藏文术数书所载相关神祇与术语在文字史料之外比较完整的图像再现。自20世纪80年代以来，陈炳应[②]、史金波[③]、陈育宁[④]、宁笃学[⑤]、钟长发、于光建[⑥]等学者，相继从考古学、艺术史视角初步分析了这批木板画，特别是于光建先生综合墓葬题记，对这批木板画的性质给予了充分研究。既有观点虽尚未统一，但这些研究在引起人们对这批珍贵文物的关注上发挥了重要作用。

综合以上可以看出，敦煌学发展百年以来，中外学者在敦煌藏经洞出土汉、藏文术数文献研究方面做了许多工作，取得了不少成果。不过，就目前的整体研究状况而言，其总体形势并不令人满意，还存在

---

① 房继荣:《敦煌本乌鸣占文献研究》,兰州:甘肃人民出版社,2016年。

② 陈炳应:《甘肃武威西郊林场西夏墓题记、葬俗略说》,《考古与文物》1980年第3期。

③ 史金波、白滨、吴峰云编著:《西夏文物》,北京:文物出版社,1988年。

④ 陈育宁、汤晓芳:《西夏艺术史》,上海:生活·读书·新知三联书店,2010年。

⑤ 宁笃学、钟长发:《甘肃武威西郊林场西夏墓清理简报》,《考古与文物》1980年第3期。

⑥ 于光建:《武威西郊西夏2号墓出土木板画内涵新解》,《西夏研究》2014年第3期。

不少薄弱环节，主要表现在以下几方面：

其一，目前的分类释录本仍不能反映敦煌术数文献的全貌，尚有大量极具学术价值和研究旨趣的术数文献未能得到整理和研究，尤其是对敦煌汉、藏文术数书的统计尚存遗漏，不少敦煌术数文献尚未得到详尽辑考和系统整理。如S.P6《唐乾符四年丁酉岁（877）具注历日》中的《推十干得病日法》保存了其他同类文献未见的十余种致病鬼形，这样一件重要的发病书资料长期被学界所忽视。再如S.6878V、P.3288V存有古藏文书写的多种占法，学界也未能开展有效整理与深入研究。

其二，敦煌写本术数文献的文献学研究仍有待持续深入。学界此前尽管已投入很大精力，但仍存在缀合校理不完整、定名不准确、断代工作不深入等问题，对汉文、古藏文术数文献中的藏、汉文题记也未能给予应有的重视与综合分析。如《俄藏敦煌文献》第八册曾刊布了由7个编号组成的《天牢鬼镜图并推得病日法》，但由于《俄藏敦煌文献》与学界忽视了各书叶彼此的写本学关系以及卜辞文例的衔接性，造成了目前相关书叶的排布仍是错乱的，需要重新校理。又如敦煌藏文本P.3288V（4）《宅图》中的汉文题记对于准确判断其藏文书写内容具有重要参考价值，但学界此前同样未作出准确释读和开展综合比较工作。

其三，目前的研究多将敦煌汉、藏文术数书和出土文物、图像资料割裂开来，少有贯通，缺乏全面整合研究与比较历史学研究，这既不利于相关文献的准确定性定名，也不利于客观认识唐宋时期汉、藏文术数文献的流传与关系问题。同时前人对敦煌汉、藏文术数书的研究偏重文字校录与内容释义，对其历史学价值的探究严重不足，且相关研究各自孤立、分散，无法反映敦煌汉、藏文术数书的整体面貌和学术价值。而长期困扰学界的敦煌术数书中的诸多神祇与术语，也未得到考古学、图像学印证和支持。

目前，甘肃武威西郊林场西夏二号墓出土的数十件木板画的研究状况也堪忧。此前学界多从考古学视角考察此批图像资料，长期停留在对其性质的研判层面，始终未能深度探绎此批资料的文化意蕴与历史来源，特别是未能与包括敦煌术数文献在内的文字资料进行充分比较和印证，故得出的诸多结论尚存在不少可商之处。

笔者认为21世纪的研究趋势应是对敦煌汉文术数书、古藏文术数书与以武威西夏木板画为代表的西北出土文物进行综合的、比较历史学的研究。敦煌汉、藏文术数书是研究唐宋历史尤其是中古西北边疆社会史、吐蕃史、汉藏关系史的第一手资料，亦是解决武威西夏木板画性质、功能、来源等重要学术问题的关键文献，具有珍贵的史料价值。武威西夏木板画为准确认识和研究敦煌术数书中的各类神祇与术语提供了鲜活、立体的图像资料，具有不可替代的学术价值。加强敦煌汉、藏文术数书与武威西夏木板画的比较研究和历史学考察，可以为学术界研究这一时期的历史文化提供翔实可靠的文献文本与图像资料，有助于从深度上推进对唐宋民族关系史、吐蕃移民史以及西北边疆社会史等问题的研究，亦可从广度上开拓敦煌文献研究的新领域，丰富“敦煌学”与“西夏学”的内涵，推动彼此的学术互补与贯通，并为解决武威西夏墓葬性质问题提供有力的文献证据，因此具有重要的学科建设意义。同时，敦煌汉、藏文术数书与武威西夏木板画承载了唐宋时期中原与吐蕃、西夏文化交流的悠久历史，通过对这批文献、文物的综合分析与比较历史学研究，可以重构历史时期汉、藏等民族的紧密联系和文化交融，对于国家认同具有重要的战略意义。

基于以上认识，为弥补既有研究的薄弱之处，本书围绕敦煌所存200多件汉文、古藏文术数书与武威西夏墓出土29块木板画，综合运用比较历史学、文献学、语言学、图像学多学科交叉的研究方法，在整理比较敦煌汉、藏文术数书和开展与武威西夏木板画图文互证的基础上，重点对唐宋河西敦煌区域社会史、吐蕃移民史以及汉、藏、西夏的文化传流问题进行研究。研究分三大部分：第一部分为敦煌汉文、藏文术数书的文献学研究，着重对日本杏雨书屋藏敦煌本天文占、发病书等资料进行系统整理研究，详细梳理敦煌写本发病书残卷之间的写本学关系；探讨俄藏敦煌文献Дx.11051A+11051B《春秋运斗枢抄》的性质与学术价值；重点考查新释读出的多件藏文术数资料，利用敦煌汉文资料，详细考订诸类藏文术数书的源流、年代、性质，对其文字进行释读校理，这便是本书第一至六章的内容。第二部分为敦煌汉文、古藏文术数书的比较研究。重点就人神占、宅经、十二钱卜法等三种类型的敦煌汉、藏文术数书进行比较历史学研究，分析汉文、古藏文术数书之间的联系、区别和文化流传，探绎敦煌汉、藏文术数书异同背后的族群历史记忆，揭示吐蕃移民社会生活、礼俗信仰、医疗形态的变迁及其对西北边疆社会的历史影响。第七至九章的重点即在于此。第十至十三章为第三部分，全面开展敦煌汉、藏文术数书与武威西夏木板画的图文互证研究，重点就“蒿里老人”“太阳”“金鸡”“玉犬”“地轴”等一批图像的性质、信仰背景、文化意蕴、历史来源等问题，与敦煌术数文献进行综合研究，并解决敦煌汉、藏文术数书中长期未能厘清的诸多重要学术问题，重构西北边疆民族的紧密联系与文化融合。

由于敦煌藏文术数书中的文字是古藏文，受限于文字漫漶以及许多词汇在今天的藏文里已经消失等因素，敦煌藏文术数文献中的不少词语解读极为困难，张福慧同志发挥学术特长与优势，承担并完成了全书12万字的古藏文释读录文与比较研究工作，为全书的完成作出了重要贡献。[①]同时，由于笔者学力有限，研究中的不足在所难免，恳请学界专家批评指正。

① 陈践、邓文宽、才让、朱丽双、黄维忠、赵贞、游自勇、余欣、武绍卫、刘全波、刘英华、牛继清等学者友人在我们的研究过程中给予了重要帮助，在此一并致谢！恩师郝春文教授、郑炳林教授对本课题的开展与出版关心备至，这里向恩师致以真诚的谢意！

第一章　日本杏雨书屋藏敦煌写本羽42背《云气占法抄》整理与研究

一、杏雨书屋藏敦煌写本羽42背概况

日本武田科学振兴财团所属藏书机构杏雨书屋，是日本境内目前收藏敦煌西域出土文献最多的单位，清末藏书大家李盛铎旧藏共计432号敦煌写卷构成了这些文献的主体部分。由于李盛铎旧藏敦煌文献数量较大，且长期秘不示人，故被学界称作“敦煌文献的最后宝藏”[①]。2009年以来，日本杏雨书屋以《敦煌秘籍》之名将这批文献陆续影印出版，很快引起了学界的普遍关注。杏雨书屋藏敦煌写卷中的术数文献主要包括两件历日和三件占卜文献，后者编号分别为羽15背、羽42背、羽44。岩本笃志[②]、游自勇[③]相继解决了羽44写本的作者与内容构

---

① 荣新江:《追寻最后的宝藏——李盛铎旧藏敦煌文献调查记》,载刘进宝、[日]高田时雄主编《转型期的敦煌学》,上海:上海古籍出版社,2007年,第15页。

② [日]岩本笃志:《敦煌占怪书〈百怪图〉考——以杏雨书屋藏敦煌秘籍本和法国国立图书馆藏的关系为中心》,载余欣主编《中国古代的礼仪、宗教与制度》,上海:上海古籍出版社,2012年,第126—142页。

③ 游自勇:《敦煌写本〈百怪图〉补考》,载《中国敦煌吐鲁番学会成立三十周年国际学术研讨会论文集》,北京,2013年,第510—523页。

成等问题，将羽44正确定名为《百怪图》，并对此件写卷进行了释录。羽15背为《发病书》，本书在后面章节中将其与英藏S.6346背、法藏P.2978背进行缀合探究。关于羽42背，《李氏鉴藏敦煌写本目录》原题《天文占》[①]，《敦煌秘籍》定名为《云气占》，关长龙先生在笔者研究基础上，对此件写卷文字进行了释录[②]，但未解决其定名、断代、文献价值等问题，因此有必要开展专门研究和文献校理。

羽42首尾均缺，正面为《不知名药方》；背面首缺尾残，绘制墨栏，起“如牛状”，讫“□月此之”，相继保存有“有云气如死蛇者”“有云如槌者”“云气如人无头”“有云如羽”“有云似烟”“如雾如尘”“有云气如人百千”“云如其蛟龙”“云来黑色如船舫之形”“云如人相撮而行”“云气赤黄”“云气如日月赤气绕之”“云黄如日”“云如鈇”“有云白色如一匹布竟天”“天豪出见”“地豪出见”“云气若彗而尽见”“云气如狗”“云气如三匹布”“黑云极天”“赤云如狗”“云气委积”“白黑之气”“天下有大雾”约二十五组卜辞。除第三行中间书一“术”字，或为其后占文之篇题外，全卷通篇尚未见到其他的标题。行文中有三组占辞以双行小字作注，并常用朱笔作句读。羽42写卷的正、背面笔迹不同，应非同一人所书。

二、羽42背写卷的文本特点与定名考探

羽42背所存的内容，主要为根据云气等相关天文现象对人事吉凶，特别是军事或政治走向进行预言推占的卜辞，此类书写就是通常所说星

① 商务印书馆编：《敦煌遗书总目索引》，北京：中华书局，1983年，第318页。

② 关长龙：《敦煌本数术文献辑校》，北京：中华书局，2018年，第534—537页。

占学中的“天文气象占”。敦煌遗书中的天文占写本保存较多，除羽42背外，尚有P.2536V、S.2669 V、敦博076V、S.3326、P.3288、S.2729V、Дx.01366V、P.2610、P.2632、P.2941、S.5614、P.3794、P.2811、P.3589、P.3571V等，其中S.2729V、Дx.01366V属于一卷之裂，两者可缀合为一件。以上天文占文献大致又可分为乙巳占、占云气书、西秦五州占与太史杂占历、风云气候、星占、日食月食占等类别。上述写卷中，敦博076V和S.3326在内容、形式上与日本杏雨书屋藏敦煌写卷羽42背最为接近。

敦博076V首尾均残，正面抄《地志》等内容，背面主要绘制和书写“紫微宫星图”和“占云气书一卷”，从文字笔迹来看，系同一人所抄。“紫微宫星图”部分已残缺，由两个同心圆组成，视图的方位为左西右东、上南下北，用黑、红二色绘制，黑色代表甘德星，红色代表石申、巫咸二家星。星图之下首题“占云气书一卷”，相继存有“观云章”“占气章”两则篇题，各篇题之下，分别书写相关卜辞，言说如何通过候望云、气两种天文气象来推演行军守战的吉凶情况。整个写卷的结构为彩色绘制云气图形，其下写相应占辞，需加注意的是，写卷最后的二十八幅图像有图无文。

英藏S.3326首缺尾全，卷中有部分残损，行文中的“民”字有缺笔。现存内容主要有三部分：气象占、全天星图、电神像及题记。其中气象占存二十五组图像和文字，其中前八组存有气象图，文字残缺较为严重，后十七组的图、文则相对完整。各组多以上图、下文的结构形式出现，占文卜辞则依图展开，具体卜辞内容与敦博076背不同。此件尾题“古（右）已上合气象有卌八条。臣曾考有验，故录之也。未曾占考，不敢辄备入此卷，臣不揆庸冥，见敢缉愚情，棳而录之，具如前件，滥陈阶庭，弥加战越。死罪死罪，谨言”。据此可知，S.3326原本存有四十八组图文，这些占辞主要通过某人的考占而被“棳而录之”，是一件经过专门辑录的气象占抄本。黄正建《敦煌占卜文书与唐五代占卜研究》观察到此件行文多以占气为主，故认为《英藏敦煌文献》定名《云气杂占》不确。[①]笔者将此件拟名为《气象占法抄》。[②]

日本杏雨书屋藏敦煌文献羽42背与以上两件写本比较，其内容构成与文本特点差异如下：就编排体例而言，羽42背除第三行中间所书之“术”字疑为篇题之外，其余位置未见书名与标题或篇题。在书写结构方面，敦博076背《占云气书一卷》、S.3326《气象占法抄》均是图文并茂，即以云气图像与相应占辞并行书写的方式编撰而成。邓文宽先生曾敏锐地指出，古代无论是占云还是占气，必须以星图为背景。[③]需要进一步补充的是，对各种云气的图形绘制亦是古代星占，尤其是天文气象占书籍的重要构成之一。20世纪70年代出土的长沙马王堆拟题为“天文气象杂占”的西汉帛书，包括云、气、星、慧四方面内容，尚存三百五十余条占辞，其中三百多条有名称、解释及占文等文字，并且配有朱墨绘制的云气图。[④]相对于敦博076背、S.3326图文并茂的结构而言，羽42背则是有卜辞文字无相应图像。羽42背的表述形式与敦博076背、S.3326基本一致，多以云气形状、占卜结论构成，但羽42背与敦

① 黄正建：《敦煌占卜文书与唐五代占卜研究》（增订版），北京：中国社会科学出版社，2014年，第44页。

② 郑炳林、陈于柱：《敦煌占卜文献叙录》，兰州：兰州大学出版社，2014年，第64页。

③ 邓文宽：《敦煌本S.3326号星图新探——文本和历史学的研究》，载《敦煌吐鲁番研究》第十五卷，上海：上海古籍出版社，2014年，第497页。

④ 李零主编：《中国方术概观·占星卷》，北京：人民中国出版社，1993年，第6页。

博076背的占卜指向为军事或政治，而S.3326则以人事吉凶为主要占卜对象，从这一点来看，羽42背与敦博076背在文献性质上似乎更为接近。

如做进一步比较，就卜辞内容来看，在羽42背所存二十五组占辞、敦博076V所存五十四组占辞中，两者仅有三组占辞基本一致，具体如下：（1）羽42背第八组占辞“云如其蛟龙，君失其魂”，敦博076背作“边城有云如蛟龙，所见处，军弱失亲”，羽42背中的“君”，当系“军”之借字；（2）羽42背第十一组占辞“云气赤黄，四塞无缺，经曰见之夜便照地，皆赤黄，此名逆乱之气，大臣不治，小臣纵姿，越职蔽主之祥”，敦博076背作“有云黄赤色，四塞日夜照地者，大臣纵恣也”；（3）羽42背第十五组占辞“有云白色如一匹布竟天，天下大兵起”，敦博076背作“有云如一匹布竟天，下兵起”。两件写本的其他各组占辞彼此相差甚多，鲜有相近者。

综合以上，羽42背虽在性质上与敦博076背《占云气书一卷》接近，均属于天文气象占文献，但两者无论是在内容编排上，还是占辞书写方面，并不完全一致，尤其羽42背有文无图，似是对某部或多部类似《占云气书一卷》天文气象占典籍的摘抄，所以笔者将羽42背定名为《云气占法抄》。

三、羽42背《云气占法抄》卜辞与年代学探绎

中国古代普遍认为天文气象占可以起到沟通天、人的技术功能，因此该项术数经常成为决断国家政治与军事的一个重要依据，历来受到古代统治者的重视。正因如此，有关天文气象占的著作在古代非常

丰富。[①]除《史记·天官书》《汉书·天文志》《宋书·天文志》《晋书·天文志》《隋书·天文志》等正史资料外，传世本唐代编纂的《乙巳占》《开元占经》以及北周编纂并经北宋重编的《灵台秘苑》，同样也是研究古代中国天文气象占的重要史料。日本杏雨书屋藏敦煌文献羽42背《云气占法抄》中的多组卜辞与上述史料有着诸多共同来源，相关内容如下：

第五组卜辞："有云似烟，郁郁纷纷，似雾非雾，衣冠不濡，不满三日而端竭，甲士走。"《晋书·天文志》作"气若雾非雾，衣冠不濡，见则其城带甲而趣"。

第八组卜辞："云如其蛟龙，君（军）失其魂。"《唐开元占经》卷九七"伏兵气"篇作"边城云如蛟龙，所见处军将失魄"。《晋书·天文志》作"有云如蛟龙，所见处将军失魄"。

第十二组卜辞："云气如日月赤气绕之，名赤帝出师之气，居南方之国胜。"《开元占经》卷九四"兵气"篇作"云如日月而有赤气绕之，似日月晕或有光者，所见之城邑不可攻"。《隋书·天文志》作"云如日月而赤气绕之，如日月晕状有光者，所见之地大胜，不可攻"。

第十五组卜辞："有云白色如一匹布竟天，天下大兵起。"《开元占经》卷九四作"白气广五六丈，东西竟天，天下兵起"。

第二十组卜辞："云气如三匹布，广前锐后者，大军行气。"《晋书·天文志》作"云气如三匹帛，广前兑后，大军行气也"。《隋书·天文志》作"云气如三匹帛，广前锐后，大军行气"。

---

① 邓文宽、刘乐贤：《敦煌天文气象占写本概述》，载《敦煌吐鲁番研究》第九卷，北京：中华书局，2006年，第409页。

第二十一组卜辞："四望不见有云，独有黑云极天，天下兵起。三日不（有）雨，此天沟，有雨无兵。"《隋书·天文志》作"若四望无云，独见黑云极天，天下兵大起。半天半起，三日内有雨，灾解"。《开元占经》卷九四作"四望无云，独有黑云极天，名曰天沟，天下兵起。云半天，则兵半起，三日内有雨，则灾解"。《灵台秘苑》卷一四作"若四望无云，独有黑云极天，兵大起。半天者，兵半起，名曰天沟，三日内有雨，则解"。

第二十二组卜辞："四望无云，独有赤云如狗状，下有流血。"《晋书·天文志》《隋书·天文志》均作"四望无云，见赤气如狗入营，其下有流血"。《灵台秘苑》卷四作"四望无云，独有赤云如狗入营，或如立蛇或如覆舟，其下大战"。

从上述比较来看，羽42背《云气占法抄》二十五组占文中至少有七组卜辞与《晋书·天文志》《隋书·天文志》《开元占经》《灵台秘苑》有共同来源，其中与《晋书·天文志》《隋书·天文志》《开元占经》同源者有四组，和《灵台秘苑》同源者有两组，而其余的十八组卜辞的来源目前尚不可考，有待进一步探究。

关于杏雨书屋藏敦煌文献羽42背《云气占法抄》的创制时间，重点应参考两条线索：第一条线索是羽42背第二十三组卜辞记载"云气……若如车马、垂囊、鸡足之状，其色青白，名凶奴之气，主有边兵见凶奴者，不可战"。文中"凶奴"即"匈奴"，敦煌文献常用"凶"作为"匈"的借字使用，"凶（匈）奴"一词的出现，表明羽42背《云气占法抄》所据底本的创制时间不会早于汉代。第二条线索是羽42背《云气占法抄》第十一组卜辞的历史来源，该组卜辞载："云气赤黄，四塞无缺，经曰见之夜便照地，皆赤黄，此名逆乱之气，大臣不治，小臣纵姿，越职蔽主之祥。”类似占文在《宋史·天文志》中作“云气入，色黄，太子即位，期六十日，赤黄，人君有异”。笔者曾经指出古代预言卜辞一般多参考先前发生的时事，以便于增强自身的可信性，[①]上述卜辞形成的历史背景，极有可能正是《汉书·五行志》所载汉成帝、哀帝时外戚专权之事：

成帝建始元年四月辛丑夜，西北有如火光。壬寅晨，大风从西北起，云气赤黄，四塞天下，终日夜下着地者黄土尘也。是岁，帝元舅大司马大将军王凤始用事；又封凤母弟崇为安成侯，食邑万户；庶弟谭等五人赐爵关内侯，食邑三千户。复益封凤五千户，悉封谭等为列侯，是为五侯。哀帝即位，封外属丁氏、傅氏、周氏、郑氏凡六人为列侯。杨宣对曰：“五侯封日，天气赤黄，丁、傅复然。此殆爵土过制，伤乱土气之祥也。”[②]

羽42背《云气占法抄》第十一组卜辞的文义与该则史事可以说是完全相符。这一情况进一步表明，羽42背《云气占法抄》所据底本的创制时间不应早于汉成帝建始元年（前32）。

《敦煌秘籍》将《云气占法抄》定为羽42之背面，将《不知名药方》定为羽42的正面，这一判断实则有误。《云气占法抄》所在卷面存有为规范文字书写、用墨线画出的边准和边栏，这是古代纸张正面的标准形制，且《云气占法抄》字迹整体工整、流畅，所以《云气占法抄》

① 陈于柱：《区域社会史视野下的敦煌禄命书研究》，北京：民族出版社，2012年，第264页。
② ［东汉］班固撰，［隋］颜师古注：《汉书》，北京：中华书局，1962年，第1449、1450页。

实应是羽42整个写卷的正面内容。《不知名药方》整体书法水平较差，所处卷面无乌丝栏，应是利用《云气占法抄》的背面所抄。从《不知名药方》文字的书法水平，以及行文不避"治"之唐讳来看，《不知名药方》的抄写时代大致在晚唐五代宋初的归义军时期，那么作为写卷的正面，羽42背《云气占法抄》的抄写时间理应早于背面的时间。

四、小结

中国古代史籍中的天文气象占典籍著作固然很多，但保存至今的很少，所以敦煌藏经洞发现的天文气象占资料无疑具有极高的学术价值。日本杏雨书屋藏敦煌文献羽42背《云气占法抄》的发现，有助于扩展学界对中国古代天文气象占资料的认识，弥补传世文献的不足，有助于保存并丰富中国古代的天文学史料。

同时，羽42背《云气占法抄》的发现和整理，为学界研究敦煌天文气象占文献增添了新的素材，也为中国古代天文气象占文献的整理和研究提供了新的校勘文本。如《晋书·天文志》《隋书·天文志》对"云气如三匹帛"的描述分别为"广前兑后""广前锐后"，"兑"字在卜辞中文义未安，且无"锐"之义项。羽42背《云气占法抄》同一卜辞作"广前锐后者"，与《隋书·天文志》同，"锐"有细小之义，正与"广"相对应，从而进一步坐实了此组卜辞当作"广前锐后"。《晋书·天文志》之"兑"无疑当属讹字。

另外，包括羽42背《云气占法抄》在内的敦煌本天文气象占文献，往往也蕴含着极为丰富的社会史、思想史、民俗史信息，这些信息对于研究古代中国，特别是敦煌地区的社会历史，同样有着珍贵的学术价值。而本文旨在将羽42背《云气占法抄》放置到敦煌天文气象占文献整体之中，力求从文献学角度去厘清其文本意义。

附录：羽42背《云气占法抄》录文

（据《敦煌秘籍》第一册的彩色图版释录）

（前缺）

如牛状，磥硌，或青或赤气状者，不可伐（?）□急伐之，必胜。阵上有云气，如死蛇者，亦可伐之。正征头上有云如槌者[1]，大胜。

术　凡望气色之术，行师出征，见云气如人无头，或前或后、或左或右者，是失军之气，必败。

有云如羽阵不见天，贼兵不起。

有云似烟，郁郁纷纷，似雾非雾，衣冠不濡，不满三日而端竭，甲士走。

云气滕滕[2]，如雾如尘，贤人失位，小人亡禄，功臣无赏，瓦解之气。

有云气如人百千，而夫人不亡，暴兵必至。

云如其蛟龙，君（军）失其魂[3]。

云来黑色如船舫之形，所见之下必有大水。

有云如人相撮而行，是人流，天下兵起。

云气赤黄，四塞无缺，经日见之夜便照地，皆赤黄，此名逆乱之气，大臣不治，小臣纵姿，越职蔽主之祥。

云气如日月赤气绕之，名赤帝出师之气，居南方之国胜。

有云黄如日，谓帝出师气，四维之国胜。一云有大水余色放此。言如日者，谓在白云之中，云气二处分张，其下之国不宜战。

有云如鈇，其下分离。

有云白色如一匹布竟天，天下大兵起此起一名天沟，所谓流血之沟者。

凡天豪出见者，有兵起，当视豪之所指，随之兵必大捷。

地豪出见，亦主兵起。天豪、地豪俱之。

云气若慧而尽见，天豪、地豪从地起。

云气如狗，四五相聚，所向之处，兵起。

云气如三匹布，广前锐后者，大军行气。

四望不见有云，独有黑云极天，天下兵起。三日不（有）雨[4]，此天沟，有雨无兵。赤气卒起而有微风者，有人谋欲放火。

四望无云，独有赤云如狗状，下有流血。但赤气所入之处，皆为惊恐。

云气委积，蔼蔼结聚，其下必有兵。若如车马、垂囊、鸡足之状，其色青白，名凶（匈）奴之气[5]，主有边兵见凶（匈）奴者，不可战。

白黑之气，郁郁然，似烟，或青或白，霏霏然出者，有当有丧气□□而不增，所谓地？之气，其下必有雷震。旁带赤黑之色，必有山崩、雷震俱起，起其处千里内所不过，天赤大风，发屋折木，蝗虫起。

天下有大雾，臣下有过，塞□□□□□□□□□□二日已□不解（?）者，当□□为两＿＿＿屯□＿＿＿又云小屯必□□□数也。

光，夜不见星，皆有云＿＿＿如两敌相当，俱相图＿＿＿昼日出，臣谋君。

两军□夜求□□月此之□□□□□□□□

(后缺)

校记：

[1]“正”,关长龙《敦煌本数术文献辑校》校改作“出”。

[2]“滕滕”,关长龙《敦煌本数术文献辑校》释作“昣昣”。

[3]“君”,当作“军”,据文义改,“君”为“军”之借字。

[4]“不”,当作“有”,据文义改。

[5]“凶”,当作“匈”,据文义改,“凶”为“匈”之借字。

第二章　俄藏敦煌谶纬文献Дx.11051A+11051B《春秋运斗枢抄》辑缀研究

俄罗斯联邦科学院东方学研究所圣彼得堡分所藏敦煌文献Дx.11051由两张残片构成，卷中文字书写工整、笔迹一致，正面均画有乌丝界栏。第一张Дx.11051A首尾均缺，书页上端存六行文字，下端残缺。第二张Дx.11051B上端残缺，下端存七行文字，靠近地脚位置的部分文字有残泐，该残片背面书有题记“西□老人时年八十一，加之□辍笔”。上海古籍出版社2000年刊布了Дx.11051的图版[①]，但未予定名。杨宝玉教授最早就此件写本的年代、作者等问题作了开创性研究，[②]极具启发意义。2017年出版的《俄藏敦煌文献叙录》首次对Дx.11051A与Дx.11051B正面内容开展定名工作，将两者均拟名为“星象占卜书”。[③]不过，Дx.11051的文献性质与定名问题仍有进一步讨论的必要，两张残片的具体关系、文字书写也亟待厘清和校理，以上问题的解决，对于学界深入认识此件俄藏敦煌文献的学术价值至为重要。

---

① 俄罗斯科学院东方研究所圣彼得堡分所，俄罗斯科学出版社东方文学部，上海古籍出版社编:《俄藏敦煌文献》(15)，上海:上海古籍出版社，2000年，第158页。

② 杨宝玉:《敦煌本佛教灵验记校注并研究》，兰州:甘肃人民出版社，2009年，第138页。

③ 邰惠莉主编:《俄藏敦煌文献叙录》，兰州:甘肃教育出版社，2017年，第721页。

一、Дx.11051A、Дx.11051B文献性质再探

《俄藏敦煌文献叙录》之所以将Дx.11051定性为星占书，或许出于对两张残片均记录不同天文星象的考量。如Дx.11051A中的“枉矢[①]”，本是一种箭名，后成为古代天文学中一种星象名称，《史记·天官书》载“枉矢，类大流星，蛇行而仓黑，望之如有毛羽然”。《唐开元占经》引《河图稽耀钩》曰“辰星之精散为枉矢”，又引《荆州占》“填星之精变为枉矢”。再如Дx.11051B记载的“蚩尤旗”同样也是彗星的别称。[②]然需注意的是，记录星象或星占的文献，其本质未必就是星占书，古代谶纬文献中就融摄大量的星象变化、阴阳灾异和未来征祥之事。

谶纬是汉代方士所造作，依傍经术的书籍，[③]纬书多依托儒家经义宣扬瑞应占验之事。《诗》《书》《礼》《乐》《易》《春秋》及《孝经》均有纬书，称之“七纬”。诸类纬书中与天文星占联系最密切者当属《春秋纬》，其中尤以《元命包》《文耀钩》《运斗枢》《感精符》多见。[④]而Дx.11051A、Дx.11051B正面记录的主要内容正是来自纬书《春秋运斗枢》。略举几则例文证明如下：

“□□生，万人寿”（Дx.11051B），此句谶语源自《初学记》《太平御览》所引《春秋运斗枢》佚文“衡星得，则麒麟生，万人寿”。

“□尉谋主，以逆人伦，诛□□”（Дx.11051B），也正是《唐开元占

---

①中国古代八矢之一。《周礼·夏官·司弓矢》：“凡矢，枉矢、絜矢利火射，用诸守城、车战。”郑玄注：“枉矢者，取名变星，飞行有光，今之飞矛是也。”

② 北魏崔鸿《十六国春秋·前秦·苻坚》载：“四月，天鼓鸣，彗出于箕尾，长十余丈，或名蚩尤旗。”

③ 钟肇鹏：《谶纬论略》，沈阳：辽宁教育出版社，1991年，第26页。

④ 徐栋梁、曹胜高：《春秋纬的整理与研究》，《深圳大学学报》2010年第1期，第141页。

经》引《春秋运斗枢》佚文“太尉谋主，以逆人伦，诛符命”。

“则日月光，三足乌”（Дx.11051B）与“礼义修，物类合”(Дx.11051A)，则同见于《艺文类聚》引《春秋运斗枢》佚文“维星得，则日月光，乌三足，礼仪修，物类合”。

“老人”（Дx.11051B）与“星□□冥荚生”（Дx.11051A)，亦与《太平御览》引《春秋运斗枢》佚文“老人星临国则蓂荚生”近同。

总体来看，虽然尚有个别文字暂不能落实其出处，但Дx.11051A、Дx.11051B的主体书写出自纬书《春秋运斗枢》，殆无疑义。故而，俄藏敦煌文献Дx.11051A与Дx.11051B的确切性质应是谶纬文献，而非《俄藏敦煌文献叙录》所认定的星占书。

二、Дx.11051A、Дx.11051B缀合校理与定名

关于Дx.11051A、Дx.11051B两张残片的关系问题，学界以往由于没能准确考订其性质和内容，故尚未解决。将残片内容与存世的《春秋运斗枢》佚文相比定，可以发现Дx.11051A、Дx.11051B分别有四处文字可以直接衔接，除前揭的后两则例文所在之处外，尚有以下两处：Дx.11051B的第二行与Дx.11051A第三行文字、Дx.11051B的第五行与Дx.11051A第六行文字，均是可以前后顺联的同一句谶语。因此，俄藏敦煌文献Дx.11051A、Дx.11051B实是同一书页的上下两部分，彼此的前六行均可直接对应，只不过由于撕裂等原因导致两者中间出现残损而已（见图1）。

为便于学界利用此件文献，兹将Дx.11051A、Дx.11051B缀合释录如下，并持传世的《春秋运斗枢》佚文对照校理一二。

图1　Дх.11051A+11051B，
图片出自《佛藏敦煌文献》
第十五册

（前缺）

1. 舒彗东苐入临▭
麒麟生[1]，万人寿。老人

2. 星□□冥荚生。九尾出，主病
▭失符，德美（义）少残百
〔姓〕[2]，家

3. 狱惨毒，吏巧邪贪暴[3]，
□▭明舒国星起起大败谋

4. 枉矢，流箭所诛。鹑生▭
则日月光，三足乌，

5. 礼义修，物类合，明气茂[4]
▭太尉谋主[5]，以逆人伦，诛
□□

6. □□切恩憙怒恐□□[6]
▭星起，蚩尤旗□□

7. ▭若
蹶逆，远雅

（后缺）

校记：

［1］“麒麟”，据《初学记》《太平御览》引《春秋运斗枢》佚文补。

［2］“美”，当做“义”，据《唐开元占经》引《春秋运斗枢》佚文及文义改；“姓”，据《唐开元占经》载《春秋运斗枢》佚文补。

[3]“贪”，《唐开元占经》引《春秋运斗枢》佚文无。

[4]“明气茂”，存世《春秋运斗枢》佚文均无。

[5]“太”，据《唐开元占经》引《春秋运斗枢》佚文补。

[6]“恩”“恐”，《唐开元占经》引《春秋运斗枢》佚文分别作“愚”“动”。

因目前传世的《春秋运斗枢》佚文均分散见载于其他古籍之中，学界对其完整构成情况难以考见，故Дx.11051A+11051B的内容究竟是该纬书完整的一部分，还是该纬书的摘录或改编，遽难判断，因此本文暂将此件定名为《春秋运斗枢抄》。

三、Дx.11051A+11051B《春秋运斗枢抄》的文本特点

缀合后的Дx.11051A+11051B前后均缺，起“舒彗东茀入临”，讫“远雅”，可考订出的谶语约有六组，分别涉及衡星、老人星、玑星、枉矢、维星、衡星等天文星象，①六组谶语依照此顺序书写其相应的祥瑞或灾异之事，其内容多与《初学记》《艺文类聚》《唐开元占经》《太平御览》引《春秋运斗枢》佚文近同。以上资料中保存《春秋运斗枢》佚文最多的当属《唐开元占经》，该书“北斗星占五十八”引《春秋运斗枢》的一段佚文与敦煌文献Дx.11051A+11051B《春秋运斗枢抄》相近者较多：

王者承度行义，郊天事神不敬，废礼文，不从经图，则枢星不

① 此件写本谶语中涉及衡星两次。

明。主病目舌若喉，此类见。主以逆天自恣，为三公名侯所谋，举土功，立州侯，失德逆时，害谋显恶，问仰左官，随意已虐符，则璇星不明。主鲜落若偏枯，近臣恣，将相谋主，以逆阴失符，德义少残百姓，家狱惨毒，吏巧邪暴，设变害舒，失民命，怀冤抑，则玑星不明。主病心腹，若眩疽，太尉谋主，以逆人伦，诛符命，到禁切愚，喜怒动失时，则横星不明。若主痹蹶，逆以无禁诛，远雅颂，若倡优，奢政伪度，毁谗则嬉，则玉衡不明。主若痿蹶，以迷或诛德任过，官多尸禄，爵赏逆符，不修斗度房表之枢，法令数更，以苛相约，则开阳星不明。主若鬲疽，以不聪明，诛废江淮，不省山渎之祠，州土之位不应天符，斩伐无度，坏山绝渠，威德四弱，外国远州，摇光不明。主若肿痂痔痛备，失枢。[①]

上述《唐开元占经》所引《春秋运斗枢》佚文虽有若干语句义欠明确，但细加分析，会发现此段谶语乃遵循特定的编写规律，即以枢星、璇星、玑星、横（权）星、玉衡星、开阳星、瑶光星的顺序为纲逐一开展谶语撰写，而该顺序实际是以北斗七星的结构次序为基础设计。[②]敦煌文献Дx.11051A+11051B《春秋运斗枢抄》残存的六组谶语虽也是以星象为纲，但却并未完全遵循北斗七星的顺序，尤其是在“吏巧邪贪暴”与“太尉谋主”之间、“切恩憙怒恐”与“若蹶逆”之间的谶语，为《唐开元占经》“北斗星占五十八”引《春秋运斗枢》佚文所未见。以上现象充分说明，仅就相近内容而言，敦煌本Дx.11051A+11051B《春秋运斗

① [日]安居香山、中村璋八辑：《纬书集成》，石家庄：河北人民出版社，1994年，第728页。

② 《五行大义》引《合诚图》：“斗第一星名枢，二名璇，三名玑，四名权，五名衡，六名开阳，七名标光。”引自刘国忠：《〈五行大义〉研究》，沈阳：辽宁教育出版社，1999年，第242页。

枢抄》的文字编排与《唐开元占经》所引《春秋运斗枢》不同。

关于Дx.11051A+11051B《春秋运斗枢抄》的抄写时间问题，杨宝玉教授将此件文献背面题记与其他11件敦煌文献中均多次出现的“老人”相比定，将俄藏敦煌文献Дx.11051A+11051B的书写年代考订为天祐元年（904年）。

四、俄藏敦煌文献《春秋运斗枢抄》学术价值刍议

谶纬作为汉代儒学的重要组成部分，到东汉盛极一时。魏晋以后，谶纬之学为历代所禁毁，丧失甚多，尤其隋炀帝发四使搜缴与谶纬相涉者皆焚之。唐以后幸存下来的谶纬文献更多属零篇断简。所以元明以降，不少学者开始注意谶纬文献的辑佚工作，并取得了十数种谶纬文献辑佚成果。[①]20世纪60年代至90年代，日本、中国学者相继出版《重修纬书集成》《纬书集成》[②]，均为谶纬集大成之作。

对敦煌藏经洞出土谶纬文献的系统关注，始于陈槃先生的《古谶纬研讨及其书录解题》，该书详细讨论了敦煌本《白泽精怪图》《易三备》《瑞应图》等一批文献。窦怀永先生重点对敦煌文献中的《瑞应图》佚文进行了辑校整理，基本解决了其文字问题。[③]需加强调的是，俄藏敦煌谶纬文献Дx.11051A+11051B《春秋运斗枢抄》为以上诸家辑校本均所未收，它的发现和校理，无疑是对既有谶纬文献整理成果的重要补充，尤其为《春秋纬》的辑佚、校勘工作提供了新的珍贵资料。如Дx.

---

① 钟肇鹏：《谶纬论略》，沈阳：辽宁教育出版社，1991年，第246页。

② 上海古籍出版社编：《纬书集成》，上海：上海古籍出版社，1994年。

③ 窦怀永：《敦煌本〈瑞应图〉谶纬佚文辑校》，载张涌泉等《浙江与敦煌学：常书鸿先生诞辰一百周年纪念文集》，杭州：浙江古籍出版社，2004年，第396—406页。

11051A+11051B中“吏巧邪贪暴”之“贪”字，《唐开元占经》引《春秋运斗枢》无，仅就此句而言，显然敦煌本《春秋运斗枢抄》文义更胜。同时，由于此件敦煌文献的文字书写与谶语编排间或有异于传世的《春秋运斗枢》佚文，两者不仅可以互为补充、互相发明，而且也为学界更为深入地了解和认识该纬书的内容结构提供了新的参考。

值得注意的是，法藏敦煌文献P.2683《瑞应图残卷》中亦存有两段《春秋运斗枢》佚文，其中第一段“黄龙负图授舜”谶语中出现两组注文，“注云：临河观望也，月或为丹”，“注云：黄龙，含枢纽之使也，故龙匣皆黄；四合者，有道相入也；有户，言可开阖也。《尚书中候》云：舜沉璧，黄龙负卷舒图出水坛畔，赤文录字”，以上注文均以双行夹注的形式书写（见图2）。汉代流传下来的《春秋纬》主要有《演孔图》《元命包》《文耀钩》《运斗枢》《感精符》《合诚图》《考异邮》《保

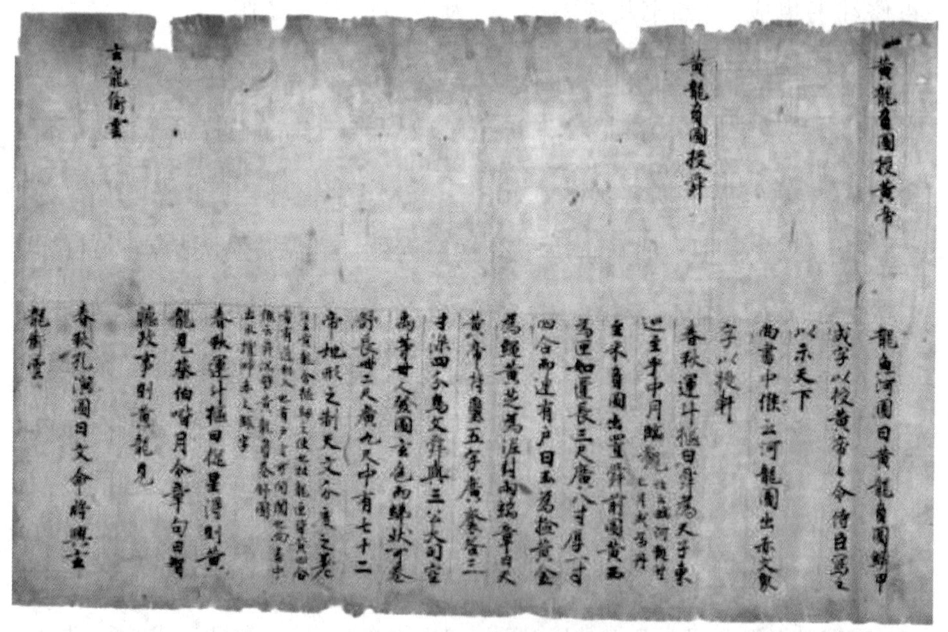

图2　P.2683《瑞应图残卷》，图版取自国际敦煌项目（以下简称IDP）

干图》《汉含孳》《佐助期》《握诚图》《潜谭巴》《说题辞》《命历序》举凡十四种。历史上为《春秋纬》作注者主要有郑玄、宋忠、宋均三人。[①]《隋书·经籍志》介绍阮孝绪《七录》有《春秋纬》三十卷，宋均注。《旧唐书·经籍志》《新唐书·艺文志》著录宋均注《春秋纬》三十八卷。宋以后散佚。法藏敦煌文献P.2683《瑞应图残卷》引《春秋运斗枢》佚文，极有可能来自宋均注《春秋纬》。Дx.11051A+11051B《春秋运斗枢抄》与P.2683《瑞应图残卷》中注文本《春秋运斗枢》的发现，充分说明纬书《春秋运斗枢》在唐宋时期的敦煌确曾为人们所熟知和使用，并与学界此前业已拣择出的敦煌本《白泽精怪图》《易三备》《瑞应图》等资料，共同建构起一幅唐宋之际谶纬文献流布传播的地方图景。

① 徐栋梁、曹胜高:《〈春秋纬〉的整理与研究》,《深圳大学学报》(社会科学版)2010年第1期，第138页。

第三章　敦煌写本发病书整理与研究

第一节　敦煌吐鲁番出土发病书概述

“发病”是唐代社会较为流行的杂占事项之一，清晰地反映了当时社会民众对疾病的恐慌和担忧。遗憾的是，史籍著录与公私书目中均未见到以“发病”命名的著作。故20世纪初以来在敦煌、吐鲁番等地区出土的发病书文献，无疑具有极为珍贵的学术价值。这批文献资料的发现和整理，不仅为解决发病书在历史时期的存在与流行提供了有力证据，而且可以增进学术界对中古中国疾病史、医疗史、社会史等多个领域的进一步了解，并有助于全面了解此类文献的面貌，可以说，敦煌和吐鲁番周边出土的发病书是具有重要文献学和历史学价值的。就敦煌吐鲁番出土发病书资料情况来看，发病书一般是指对年、月、日、时等各类时间段下生病者的病状、病因、治疗、禁忌、痊愈等情况进行占卜的文本。敦煌吐鲁番文献中的发病书文献，笔者统计有P.2856、S.6196V、S.6346V、羽015ノ三V、P.2978V、P.4732V、P.3402V、P.3556V、S.P6、Дх01258 +Дх01258V +Дх01259（+Дх04253V）+Дх01259V（+Дх04253）+Дх01289 +Дх01289V +Дх02977 +Дх02977V +Дх06761 +Дх06761V +Дх03165 +Дх03165V + Дх03829 + Дх03829V + Дх03162 + Дх03162V 、S.1468、S.6216、

Дх05193、Дх.00506、Дх.05924、P.3081、P.T.55、Ch.468（T Ⅱ D 287）、Ch.1617背（T Ⅱ T 3072），其中P.T.55为藏文写本，另有多件实为一卷之裂，或可以直接缀合。此外，新疆和田出土的Hedin17号（A）虽然是于阗语文献，但此件写本的性质亦属于发病书。

学术界对敦煌发病书的研究，起步于1937年王重民在《巴黎敦煌残卷叙录》中对法藏P.3081写本的研究，他对此件文书的内容、篇目及性质作了详细考辨。1992年日本学界出版的《讲座敦煌》收菅原信海《占筮书》一文，首次就P.2856《发病书》的篇目构成等情况作了重点介绍。①

进入21世纪，这一领域的全面研究首推2001年出版的黄正建《敦煌占卜文书与唐五代占卜研究》一书，该书对包括发病书在内的敦煌汉文术数文献开展了极为细致的调查、分类。②次年黄正建先生发表《关于〈俄藏敦煌文献〉第11至17册中占卜文书的缀合与定名等问题》一文，再次检出多件俄藏敦煌文献中的发病书残卷。③《敦煌占卜文书与唐五代占卜研究》增订版于2014年出版，该书进一步增收了新刊布的日本杏雨书屋藏敦煌文献羽015V《发病书》。④

法国学者马克先生（Marc Kalinowski）主持的“中古中国的占卜与

---

① [日]菅原信海:《占筮书》,载[日]池田温编《讲座敦煌》(五)“敦煌汉文文献”,东京:大东出版社,1992年,第458页。

② 黄正建:《敦煌占卜文书与唐五代占卜研究》,北京:学苑出版社,2001年,第136—146页。

③ 黄正建:《关于〈俄藏敦煌文献〉第11至17册中占卜文书的缀合与定名等问题》,《敦煌研究》2002年第2期,第48、49页。

④ 黄正建:《敦煌占卜文书与唐五代占卜研究》(增订版),北京:中国社会科学出版社,2014年,第136—146页。

社会”项目报告书[①]于2003年由法国国家图书馆出版，该报告书全面地介绍了英藏、法藏与俄藏敦煌文献中的发病书，同时还专门介绍了两件吐鲁番文书中的发病书残卷，此举开拓了学界的考察视野，丰富了对中国西北地区出土发病书资料的认识，值得借鉴和学习。

王晶波2013年出版了《敦煌占卜文献与社会生活》[②]一书，较为全面地梳理了敦煌发病书，完善了学界对敦煌发病书的写本学认识，为这一领域的后续工作提供了重要的借鉴。

从道教史视角研究敦煌发病书，是21世纪初敦煌发病书研究的趋向之一。王卡先生将S.6196V、S.6346V、S.6216、S.1468等多件敦煌写本发病书残卷定性为道教文献，并统一定名为《镇宅触犯治病日历》。[③]刘永明先生借助P.2856为中心的敦煌发病书，着重考察了该批敦煌材料与道教的密切关系，以进一步揭示中古中国道教世俗化的地方路径。[④]

新疆吐鲁番出土文献中存有40余件涉及易占、卜法、禄命书及发病书等内容的资料。[⑤]荣新江先生较早著录了德国国家图书馆藏的吐鲁番出土发病书残卷Ch468与Ch1617背的文本情况，并作了初步定名工

---

① Marc Kalinowski, *Divination et sociétédans la Chine médiévale. Etudedes manuscripts de Dunhuang de La Bibliothèdque nationale de France et du British Museum*.Paris: Bibliothèque Nationale de France, 2003.另需介绍和说明的是，王爱和博士学位论文《敦煌占卜文书研究》亦于2003年完成，该论文对多个类别的敦煌术数文献进行了初步整理与叙录。

② 王晶波：《敦煌占卜文献与社会生活》，兰州：甘肃教育出版社，2013年，第451—470页。

③ 王卡：《敦煌道教文献研究——综述·目录·索引》，北京：中国社会科学出版社，2004年，第157页。

④ 刘永明：《敦煌道教的世俗化之路——敦煌〈发病书〉研究》，《敦煌学辑刊》2006年第1期，第69—86页。

⑤ 游自勇：《敦煌吐鲁番占卜文献与日常生活史研究》，《中国高校社会科学》2015年第2期，第90页。

作。[①]马继兴先生的视角则不同，他将Ch.1617定名为《不知名药方第三十种》，认定Ch.1617背的性质系属医方。[②]

甘肃敦煌、新疆出土的胡语占病文献同样也是学界关注的重点。敦煌古藏文P.T.55《十二因缘占卜》之《寿元品》正是以十二因缘日为序进行疾病占卜的一件写本，黄维忠、格桑央京两位学者相继释录、介绍了此件写卷，增进了学界对藏文相关文献的了解。[③]贝利（H.W.Bailey）先生在20世纪60年代《于阗语文献集》卷四中刊布了新疆和田发现的一件于阗语文献，编号Hedin17号（A），其释文将其定名为《逐日身体不适推吉凶法》。[④]刘文锁深入研究了此件写本的文例特点，分析了其年代学问题，并考察了其历史源流。[⑤]古藏文和于阗文等占病文献的发现与整理，对于学界更为全面地认识占病文献在中国古代少数民族社群中的传播与流行情况具有重要参考意义。

就敦煌、吐鲁番出土发病书目前的整体研究状况而言，其形势并不令人满意，尚存在不少薄弱环节，尤其是敦煌写本发病书的文献学研究仍有待深入。学界此前在这一问题上尽管已投入不少精力，但仍存在缀合校理不完整、定名不准确、断代工作不深入、内容考释不到位

---

① 荣新江主编：《吐鲁番文书总目·欧美收藏卷》，武汉：武汉大学出版社，2007年，第38、135页。

② 马继兴：《当前世界各地收藏的中国出土卷子本古医药文献备考》，《敦煌吐鲁番研究》第六卷，北京：北京大学出版社，2002年，第158页。

③ 黄维忠：《P.T.55号〈十二支缘生〉初探》，《贤者新宴》第2辑，北京：北京出版社，1998年，第211—215页；格桑央京：《敦煌藏文写卷P.T.55号译释》，《藏学研究》第9辑，北京：民族出版社，1998年，第248—271页。

④ H.W.Bailey, *Khotanese Texts IV*, *Saka Text from Khotan in the Hedin Collection*, Cambridge University Press, 1961, pp.109–110.

⑤ 刘文锁：《于阗文占卜文书》，载樊锦诗、荣新江、林世田主编《敦煌文献·考古·艺术综合研究》，北京：中华书局，2011年，第319、320页。

等问题，有必要从整体上对敦煌写本发病书进行综合整理与整合研究，而此类文献的正确释读，亦有助于从文献学视角加深对武威西夏木板画相关文物图像的认识和理解，并为之提供准确的文字材料。

第二节 日本杏雨书屋藏敦煌文献《发病书》残卷研究与校理

2009年日本武田科学振兴财团出版的《敦煌秘籍》（一）刊布了杏雨书屋藏李盛铎旧藏敦煌写本中的多件《毛诗》残片，其编号分别为羽015一、羽015二、羽015三，《李氏鉴藏敦煌写本目录》原题《毛诗（三纸）》[①]，这一定名其实主要针对残卷的正面内容书写。对于背面内容，《敦煌秘籍》（一）拟名作《占病书》。2010年刘永明先生重点从道教史视角考查了羽015三的背面书写，准确地指出其文献性质当系发病书。[②]2012年许建平全面研究了羽015三正、背面书写，尤其为解决羽15三的背面与两件英藏敦煌文献、一件法藏敦煌文献的缀合问题作出了重要贡献。[③]但既有研究成果均未能将此件日本杏雨书屋藏敦煌文献羽15三V与其他敦煌本发病书进行整体比勘与综合考察，因此对此件残卷仍有进一步整理和研究的必要。

许建平根据行文、笔迹指出羽015三V与S.6196V、S.6346V、P.2978V属

---

① 商务印书馆编：《敦煌遗书总目索引》，北京：中华书局，1983年，第318页。

② 刘永明：《日本杏雨书屋藏敦煌道教及相关文献研读札记》，《敦煌学辑刊》2010年3期，第75、76页。

③ 许建平：《杏雨书屋藏〈诗经〉残片三种校录及研究》，载《庆祝饶宗颐先生九十五华诞敦煌学国际学术研讨会论文集》，北京：中华书局，2012年，第452、453页。

于同一件写本的四个残卷，其缀合顺序为S.6196V+？+S.6346V+？+羽015三V+?+P.2978V。但学界仍对羽015三V与其他三件写本是否同出一卷存有疑虑。本节重点从卜辞文例等写本学方面对该问题作进一步研究。

日本杏雨书屋藏敦煌文献羽015三V首尾均缺，背面现存七行文字的下半截亦有残缺[①]，起“兵死鬼所作”，讫“胸胁痛”。残卷第四行作“年立在丑，青色人苦”，据十二地支的顺序文义可推前面三行应为“年立在子”的相关卜辞。敦煌文献中属于发病书一类的写本最为完整者当推法藏敦煌文献P.2856，该写本不仅在尾题中明确注明了此件写本为“发病书”[②]，而且还相继存有“推年立法”“推得病日法”“推初得病日鬼法”“推得病时法”“推十二祇得病法”“推四方神头胁日得病法”“推五子日得病法”“推十干病法”等篇目和相应的内容书写。羽015三V现存书写与P.2856《发病书》“推年立法”在内容上颇为相近[③]，由此可以确定羽015三V残存内容应当系《发病书》中的“推年立法”相关卜辞。

P.2978V，《敦煌遗书总目索引》与《敦煌遗书总目索引新编》将此件定名作《星占书残文》，《法藏敦煌西域文献》定名为《占书》，均不够准确；《敦煌宝藏》将其命名《占病书》；黄正建先生拟名《推年立

① 许建平先生认为有八行文字，揆之此件文献，可以观察到羽15三背第八行文字仅存右边部分笔画，目前尚未能够释读，故本文统计为七行文字。

② P.2856尾题“咸通三年壬午岁五月写发病书记”。图版见上海古籍出版社、法国国家图书馆编：《法藏敦煌西域文献》第19卷，上海：上海古籍出版社，2001年，第135—141页。

③ 如P.2856《发病书》载：“年立丑，人忌六月十二月，带此府（符）大吉。年立丑，青色人衰，十二月丑日、六月未日，若其日时得病，十死一生，非其日时不死。病者惟苦头痛、胸胁满、短气、寒热有时、饮食不下、身唤、咽喉干、四支烦疼。祟在天神，社公，及土公，光许，司命，兵死鬼，无舌手鬼。急解吉。忌丑未日。”

法》。与P.2856《发病书》相比较，P.2978V所存内容与P.2856《发病书》中的“推年立法”近同，故应属《发病书》中的“推年立法”。此件前后均缺，背面存文字七十行，起“满□气□”，讫“何以知”，以十二地支为序，依次书写各个“年立”中的行为禁忌、得病者的死亡概率、患者的症状与病因、相应的应对措施等，目前保存有卯、辰、巳、午、未、申等六组卜辞，同时，申之后的“年立酉”后部残缺，卯之前的“年立寅”前部残缺。而羽015三V正是P.2978V卷首所断裂的残片之一，即“年立子”与“年立丑”的两组占辞。两件写本行文字迹相同，内容文例与卜辞书写亦基本相同，如作为每组的起始，P.2978V一般在“年立”之后先言说五色之人苦，然后再介绍予以禁忌的月、日、时和相关日常行为；而羽015三V也是以同样的文例进行书写和表述，尤其是“年立在丑，青色人苦”之类言语，经笔者检索，发现目前敦煌文献中唯有羽015三V与P.2978V普遍使用“某色人苦”的表述方式，其他写本有的是以类似“青色人衰”（P.2856）为表述方式，还有的是以“黑色人凶”（P.3402V）为文例。其次，两件写本正面抄写的内容均是《毛诗》，P.2978残存《毛诗》卷第十二至第十四，始“小旻”至“瞻彼洛矣”①，卷第十四相继包括“瞻彼洛矣”“裳裳者华”“桑扈”“鸳鸯”“頍弁”“车辖”；而羽015三正面为“桑扈”，与P.2978 所间隔的“裳裳者华”，应是目前尚未发现的本件《发病书》“年立寅”部分的正面内容。

S.6346V在《敦煌遗书总目索引》《敦煌遗书总目索引新编》《英藏敦煌文献》中分别被定名作《阴阳书》《占卜书》《推吉凶书》，均不准

① 潘重规：《敦煌诗经卷子之研究》，载郑学檬、郑炳林主编《中国敦煌学百年文库·文献卷》，兰州：甘肃文化出版社，1999年，第422、432页。

确；黄正建先生拟名为《推得病时法等》。此件写卷首尾均缺，背面存六十二行，起“日污（愈）吉”，讫“□解之”，主要记录十二时、十二建除、四方神[①]头胁日等三种时间表述方式中的得病情况，其书写内容基本可与P.2856《发病书》中的“推得病时法”“推十二祇得病法”“推四方神头胁日得病法”三则篇目相对应。该件英藏敦煌文献与日本杏雨书屋藏敦煌文献羽015三、法藏敦煌文献P.2978正面和背面的字迹均完全一致。S.6346《毛诗》保存了卷第十六中的“棫朴”“旱麓”“思齐”“皇矣”“灵台”“下武”“文王有声”，卷第十七中的“生民”“行苇”“既醉”“凫鹥”“假乐”“公刘”，那么S.6346正面内容应续接在羽015正面之后，中间所缺的当为《毛诗》卷第十五的内容，S.6346背面自然应位于羽015三背面之前，但遗憾的是中间所缺内容尚有待新的残片发现。

S.6196V首尾均缺，开始部分绘制了两幅厌禳图像，讫“死鬼”，残卷目前主要保存有两类书写：一类是以五行日为顺序，如“火日病者，男凶女吉，火是□吉，以水着病头”；一类是以十二月为序，如“七月病者，鬼从北方来。八月病者，鬼从东北来”。需加注意的是，同类内容亦见于两件可以缀合的法藏敦煌文献P.4732V+P.3402V。《敦煌遗书总目索引》《敦煌遗书总目索引新编》将其定名为《阴阳书》，《英藏敦煌文献》定名作《推吉凶书》，均不够准确。黄正建《敦煌占卜文书与唐五代占卜研究》将此件所存两项内容分别拟名为《推五行日得病法》和《推十二月病厌鬼法》，此定名为许建平《杏雨书屋藏〈诗经〉残片三种校录及研究》一文所沿用。需加讨论的是，以上两项内

① “四方神”系指朱雀、白虎、青龙、玄武。

容均为P.2856《发病书》所未载，笔者比较认同第一项定名，但第二项仅记录了各得病之月鬼来的方向，并没有详细介绍如何厌禳，亦无相关卜辞，据此笔者认为拟名为《推十二月得病法》或更为妥当。关于此件正面情况及与S.6346、S.3330为同一写卷的论证，许建平先生已有详细考订[①]，在此不赘。但这里所要补充的是，S.6196V除字迹与前面三件敦煌残卷相同外，相对于正面《毛诗》，这四件写卷的背面都是自正面卷尾处开抄，且与正面书写保持同一方向。另据笔者2012年赴英国国家图书馆东方写本部核查原卷，刊布S.6346、S.6196图版的《英藏敦煌文献》第11卷与《英藏敦煌文献》第10卷均标注《毛诗》为反面，恐有误，实应为正面内容。

综合以上，羽15三与P.2978、S.6346、S.6196虽然不能直接缀合，但同属一卷殆无疑义，其背面《发病书》残卷的排列顺序为S.6196V→S.6346V→羽15三V→P.2978V，只不过彼此间略有缺损。缀合后的写卷，起两幅厌禳图，讫“何以知”，存约159行。《敦煌占卜文献与社会生活》虽然注意到了羽15三V→P.2978V、S.6196V→S.6346V可以分别缀合[②]，但没能意识到以上四件文书实系一卷之裂。

S.6196V→S.6346V→羽15三V→P.2978V的文本特点与P.2856《发病书》相比较，其特点比较突出：1. 编排体例彼此不同，此件写卷通篇未见具体篇标，而P.2856明确记载了包括“推年立法”“推得病日法”“推初得病日鬼法”“推得病时法”“推十二祇得病法”“推四方神头胁日得病法”“推五子日得病法”“推十干病法”在内的八个篇目。2. 内容与

① 许建平:《敦煌经籍叙录》,北京:中华书局,2006年,第149—153页。

② 王晶波:《敦煌占卜文献与社会生活》,兰州:甘肃教育出版社,2013年,第458—462页。

结构顺序不同，S.6196V→S.6346V→羽15三V→P.2978V主要按照“推五行日得病法”“推十二月得病法”“推得病时法”“推十二祇得病法”“推四方神头胁日得病法”“推年立法”相关书写逐次编排和撰写，而P.2856是将“推年立法”放置在了最前面。此类现象在敦煌藏经洞发现的发病书残卷中较为普遍，P.4732V+P.3402V即依照“推十干病法”“推得病时法”“推十二祇得病法”“推五行日得病法”的序列来加以编撰。以上现象表明，或由于不同时间段的“推得病法”各自比较独立，故能够被当时人们依照不同的顺序和实际需要进行各种方式的重新编纂。

另外，S.6196V→S.6346V→羽15三V→P.2978V与P.2856《发病书》在内容上，彼此的卜辞占文区别较大。首先是卜辞文例不同，以“推十二祇得病法”为例，P.2856行文简洁，基本以时间—病因—应对措施—病愈预期为序表述，如“危日病者，犯触东南树神，丈人嗔，遣客死鬼为祟。急解送，七日差”。S.6196V→S.6346V→羽15三V→P.2978V则作“危日病者，寒热、头目痛、腰背、心腹满。祟在家亲神(治灶、家中不和、咒诅、丈人嗔□。男吉女凶。解谢之吉”。后者的卜辞中明显增加了有关病症的描述。其次占文内容也并不完全相同，最能说明这一点的是两件写本关于“推四方神头胁日得病法”的规定就完全不同，相差甚大。P.2856的“朱雀日”主要包括“月一日、八日、十六日、廿三日”，“白虎胁日”包括“二日、九日、十七日、廿四日”，而S.6196V→S.6346V→羽015三V→P.2978V的“朱雀日”“白虎胁日”则分别为“月一日、九日、十七日、廿五日”“月二日、十日、十八日、廿六日”。P.2856主要以七日为时间差，S.6196V→S.6346V→羽015三V→P.2978V则以八日为时间差，两者的区别甚是显著。

日本杏雨书屋对羽015相关信息的刊布，有助于解决S.6196V→

S.6346V→羽015三V→P.2978V的定名问题，在《敦煌秘籍》(一)关于羽015的图版中附有一条形纸（见图1），纸条上明确书有“发病书一卷”，字迹虽与正文不同，应系原完整写卷之题签，这对于解决此件写本的定名问题具有极为重要的参考价值。

从粘贴条形题签来看，S.6196V→S.6346V→羽015三V→P.2978V《发病书》的原本书籍形式似为卷轴装；就其文字的书法水平，以及行文不避“旦”“治”等唐讳，此件写本的抄写时代大致在晚唐五代宋初的归义军时期。同时考虑到与以上四件写本同属一卷的S.3330背面抄有“乾宁四年（897年）石和满状”，鉴于S.3330背面文字位处S.6196V→S.6346V→羽15三V→P.2978V之后，由此整个写卷中《发病书》的抄写时间自然也就应不晚于乾宁四年了。

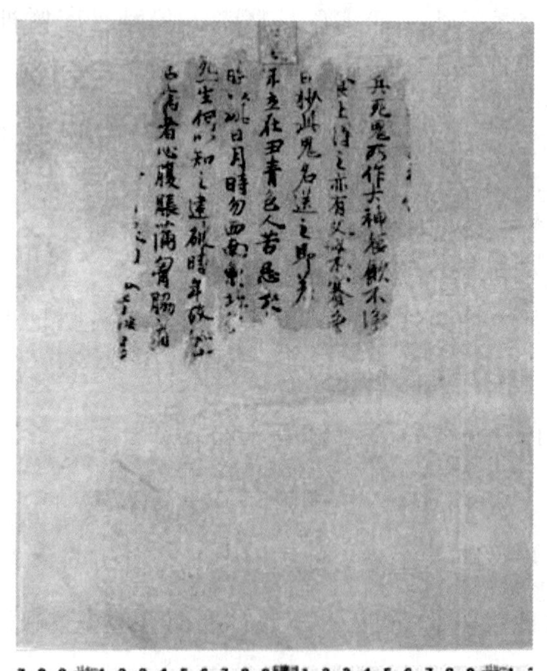

图1　羽015V，图片取自《敦煌秘籍》（一）

总体来看，S.6196V→S.6346V→羽015三V→P.2978V《发病书》当是有别于此前学界所熟知P.2856的另一系统本《发病书》，两者应源自不同的底本。比较而言，P.2856《发病书》整篇有朱笔点校，卷面书写较为精良，而S.6196V→S.6346V→羽15三V→P.2978V《发病书》则错、讹、脱文夺字现象较多。不过，从S.6196V→S.6346V→羽15三V→P.2978V的天头、地脚磨损较多来看，该件《发病书》的利用率应较高，表明在晚唐敦煌，不仅流行多种类型的发病书，而且发病书在当时受众颇广，为人们日常生活所常用。

附录：S.6196V→S.6346V→羽015三V→P.2978V《发病书一卷》录文

（以下为S.6196V）

（前缺）

金日病者[1]，男[2]□木日病者，男吉女凶[3]，木是青龙□水日病者，男吉女〔凶〕[4]，水是□火日病者，男凶女吉，火是□吉，以水着病头[5]。

土日病者，男凶女吉，土是□男凶女吉，以土著病(?)头[6]。正月病者，鬼从南来。二月病者[7]，鬼从东南来。三月病者，鬼从南方来。四月病者，鬼从西南来。五月病者，鬼从西方来。六月病者[8]，鬼从西北来。七月病者[9]，鬼从北方来。八月病者，鬼从东北来。九月病[10]□上来□从□凶，非时□死鬼□

（中缺）

（以下为S.6346V）

日污（愈）吉[11]，有北君不赛，谢之吉□巳时病者[12]，青色凶，男重女轻□□上灶君、北君许言不赛□方土公，病者不□□日门、户所作，急解谢吉。忌在申。午时病者[13]，青色凶，男重女轻。□□病之。十日间困，头痛，祟在北君[14]、灶〔神〕[15]，有许言不赛，及道□□□神不祷，犯南方土公，病者不死[16]，七日差。忌在未。未时病者，男吉女凶。胜先病之，困厄，黄色凶。亥未，吐逆短气[17]，心腹胀满，祟在树神、家亲鬼索食，丈人所作，病者不死[18]，四日得污（愈），十三日大□，家有□诅言谢不□□□□□犯南方土公。忌在寅。申时病者，男重女轻。太一病之，恐困。何以知之，太一者，天上□□故知困。头目痛，祟在□□男子鬼，出神所作愿（背痛，大神前有许言□□犯西方土公。从丧家得（病者丈人文绝不祭祀，不葬鬼为祟，十二日污（愈），吉。忌在寅。酉时病者，男差女剧。天罡病之，恐困。何以言之，天魁（罡）者[19]，天上狱吏，故知困也。头目痛，祟□□男子鬼、及山神来，不赛北君，许言不赛，□□□□鬼、丈人为祟，犯家中土公凶，青色凶。急解谢吉[20]。忌在辰[21]。戌时病者[22]，男重女轻。〔太〕冲病之[23]，不死。

何以言之，太冲者，天上（吏，令人头目痛、乍寒乍热。□色凶。祟在故灶及外□（西方土公，共客死鬼、星死□□□来为祟，道逢悮（作。五日小差，八日污（愈），吉。急解谢之吉[24]。忌在午。亥时病者，男差女剧，功曹病之[25]，不死。头痛，四支不举，短气。黑色凶。祟在社公咒诅□□灶、外神不赛。病者见血、苦痛。道逢悮□□□□□坐，犯南方土公。五日小差，七日污（愈），吉。急解谢之吉[26]。忌在未。子时病者，男重女轻，大吉□□大吉者[27]，天上史者。注心腹满痛，〔短〕气[28]。黑色凶。祟在□□□方土公、庭中土发灶在□共死不葬鬼为祟，又女子鬼为祟。五日小差，七日污（愈），吉。宜急解谢之，吉。忌在巳。建日病者，头痛、心腹□□□□兵死鬼犯，碓硙上，男左女右。建者，天地男女皆□。除日病者，心腹下利、烦满惊□。祟在灶君，犯北方土〔公〕[29]。行年客死鬼、女子鬼所作。四道，解□，吉。满日病者，患心腹痛，祟在□□犯行年、土〔公〕[30]。男重女轻，又外神、父母、四道，时不祀。解谢之吉。平日病者，患腰、心腹痛、下利、短气、不能言语。祟在家神不赛，迳年二日五日差。男重女轻[31]，解之吉。定日病者，不语、心腹痛。祟在丈人、司命、父母，四时不祭祀，星（男子鬼所作。解谢之吉。执日病者，手足烦疼、臂痛。祟在前夫后妇，及北君、客死鬼所作，犯东宅西宅。男吉女凶[32]。解谢之吉。破日病者，心腹胀满、头目痛、腰背手足烦疼。祟在北君咒诅、兵、墓、土。男吉女凶。解谢之吉[33]。危日病者，寒热、头目痛、腰背、心腹满。祟在家亲神□治灶、家中不和、咒诅、丈人嗔□。男吉女凶。解谢之吉。成日病者，头痛、心腹胀满、四支不举[34]，□人、不葬及无后鬼所作[35]。男吉女凶。十一日□即差□□□□收日病者[36]，头痛、心腹痛、手足□□□□神、灶君、家□□□五日差。男轻女重。谢之吉[37]。开日病者，目痛、欧（呕）吐[38]，求灶□□祟在门、户、井、灶、丈人，心腹痛，即女鬼为祟。男重女轻。愈，谢之吉。闭日病者，咽喉不通，小便不利，四支不举，面目肿，腹中急痛，不能食，由寒水□□□□谢之吉。朱雀日，月一日、九日、十七日、廿五日，病者男轻女重，司命鬼□□犯北君、外神、祖父母□□作。急谢之吉，即差。白虎胁日，月二日、十日、十八日、廿六日，病者不死，丈人所为。解之。降七日大愈。▭病者不死，丈人□外鬼▭兄弟鬼所为祟。□解之。

（中缺）

（以下为羽015三V）

兵死鬼所作，大神食饮不净[39]▭食上得之，亦有父母不赛，急[40]▭日，抄此鬼名，送之即差。年立在丑，青色人苦，忌六[41]▭时，以此日月时，勿西南东北[42]▭死一生，何以知之，建破时年，故知十[43]▭占病者，心腹胀满、胸胁痛▭□□□□▭

（中缺）

（以下为P.2978V）

▭满□气□▭神不死鬼，男子客死无后[44]▭东北土公水上神，亦有别食，丈人将客死鬼来，欲得食，宜急谢之吉。以此日月时，不得正东正西行，凶，忌正月、七月，寅、申日忌之。七。年立卯，青色人苦，忌二月、八月，日忌卯、酉，时忌日出、日入时。已（以）此日月时[45]，不得正东正西行，凶。吊丧问病，凶。若得病者，十死一生。建破临其年，故知十死一生。非其时日月，不死。占病者，头痛、颈项强，眼精（睛）玄痃[46]、心腹皎（绞）痛[47]、脚昳跌肿[48]、食饮不下、吐逆、□痛。祟在家丈人、犯东方土公、门、户、井、灶，有言不赛，有失骸骨客死鬼□作、有苟（狗）鼠作怪[49]、见血。宜急解谢之，差。忌二月、八月，卯、酉日，忌之。年立辰，黄色人苦，忌三月、九月，日忌辰、戌，时忌食时、黄昏食时[50]。以此日月时，勿东南西北行。到丧家吊死问病，凶。若得病者，十死一生，何以知之，建破临其年，故知十死一生。非其日月，不死。占病者，头痛、手足烦疼、腰背急强、身体寒热、气息不定，热满□□安、梦悟颠到（倒）[51]、恒见死人。祟在天神北君所作，复有□命丈人为祟，犯东南土公，水上河伯将军，共来作病，树神边有祷不赛，今遣星死女子不葬鬼所作。急解谢之吉。忌三月、九月，辰、戌日忌之。年立巳，赤色人苦，忌四月、十月，日忌巳、亥，时忌隅中、人定。以此日月时[52]，勿东西南北行，到丧家吊死问病，凶。若得病者，一（十）死一生[53]，非其时日月，不死。占病者，头痛、咽喉不利、腹中乱痛、上气连心、吐逆、注来入出、腰背急强、眉眼手足烦痛、四支不举、不能行步、寒热□退、食饮不下[54]。祟在年□□发灶，许言不赛，有家亲丈人共□公勾东南非注[55]，无后星死男女鬼所作，及外（北君神边，肫羊不赛，与而不当，令遣兵死伯叔□病之，更有丈人欲取任（妊）身（娠）妇女[56]，卒得病难差。亦□□有余算，小困，家口舌分异不和，当为苟（狗）鼠作怪，马牛六畜卒死，连及三人病，急解谢之吉。忌四月、十月，忌巳、亥日，忌之。年立午，赤色人苦，忌五月、十一月，日忌子、午，时〔忌〕日中[57]、夜半。以此日月时，勿南行，到丧家吊死问病，凶。若得病者，十死一生，何以知之，建破临其年，故知十死一生。非其日月，不死。占病者[58]，头痛、心腹胀满、上气、身体雍（臃）肿[59]、楚痛咽（?）喉（?），吐逆不食、乍卧乍起、口不能言。祟在父母、社公、灶君，又（有）祷不赛[60]。亦有北君共星死断后鬼[61]、不葬鬼为祟，有外注来入胸，大神前有肫羊不赛，是以丈人不得入圹，兵死鬼在头，病之，困有宗后别离，诤讼，财损。急解谢之吉。忌五月、十一月，巳（午）[62]、卯（子）日忌之[63]。

年立未，黄色人苦，忌六月、十二月，日忌丑、未，时忌鸡鸣、日昳。以此日月时，勿西南东北行，凶。到丧家吊死问病，凶。若得病者，十死一生，何以知之，建破临其年，故知十死一生。非其时日月，不死。占病者，头目悬（眩）痛[64]、胸胁短气、四支不举、手足烦疼、乍寒乍热、腰背□强、心下坚强、朝差暮剧。祟在天神北君、井、山林、神鸡，债不赏（偿）多有年岁[65]，秽污，与而不当，神明前羊债不赛。今遣兵死鬼共女祥鬼来作，病大长及小口，更有疫死、溺死不葬鬼所作。又犯辰巳出，令人手足烦疼、食饮不下，病从外来得之，灶君、土公共星死鬼病之，恍惚不死，有余算。家心孤寡妇女共居，内外相被伤，亡遗不安，口舌相连，三人争讼，移动居受三过水头。解之差。忌六月、十二月，忌丑、未，忌之吉。年立申，白色人苦，忌正月、七月，日忌寅、申，时忌平旦、晡时。已（以）此日月时，勿西南东北行，凶。勿到丧家吊死问病，凶。□病者，十死一生，何以知之，建破临其年，故知十死一生。非其时日月不死。占病者，头痛、眼精（睛）玄痛、寒热、心腹胀满、四支不举、吐逆不食、面色变赤、胸胁痛、口舌咽喉不利、眠卧不安、创肿迟差。祟在黄色男子鬼所作，外神北君，鸡肫债，许言不赛，又负神衣为言，犯西方土，丈人将客死鬼来病之，家中动治门户，有星死女祥鬼共非（飞）尸来为祟[66]，更有鬼，名山林土地之神，令人困重，引日不死，有余算，法忧取众孤儿寡妇，口舌相连，呼钱财，凶。宜急解谢之，吉。忌正月、七月，日忌寅、申，忌之。年立酉，白色人苦，忌二月、八月，日忌卯、酉，时忌日出、日入时，以此日月时，勿〔正〕西正东行[67]。勿到丧家吊死问病[68]，凶。若得病者，十死一生[69]，何以知□

（后缺）

校记：

[1]“病”，据文义及P.4732V+P.3402V补。

[2]“男”，据残笔画及P.4732V+P.3402V补。

[3]“吉”，P.4732V+P.3402V脱。

[4]“凶”，据文义补。

[5]“病头”，P.4732V+P.3402V作“头边”。

[6]“病（？）头”，P.4732V+P.3402V作“病头边”。

[7]“二月病”，据P.4732V+P.3402V补。

[8]“六”，据残笔画及P.4732V+P.3402V补；“病”，据残笔画及P.4732V+P.3402V补。

[9]“七”，据P.4732V+P.3402V及文义补。

[10]“九月病”，据残笔画及P.4732V+P.3402V补。

[11]“污”，《敦煌占卜文献与社会生活》释作“行”，误，当作“愈”，据文义改，“污”为“愈”之借字。以下同，不另出校。

[12]“巳时”，据文义补。

[13]“午”，据文义补。

[14]“在”，据文义补。

[15]“神”，据文义补。

[16]“病”，据文义补。

[17]“逆”,据文义补。

[18]“病”,据文义补。

[19]“魁”,当作“罡”,据文义改。“天罡”与卷中“胜先”“太一”“太冲”“功曹”“大吉”等,俱为古代六壬十二神,其在敦煌本《宅经》的排布顺序为太一、天罡、太冲、功曹、大吉、神后、征明、河魁、从魁、传送、小吉、胜先[①],本件六壬十二神的先后顺序与之相同。

[20]“谢吉”,据文义补。

[21]“忌”,据文义补。

[22]“戌”,据文义补。

[23]“太”,据文义补;“之”,据文义补。

[24]“谢之”,据文义补。

[25]“曹”,据文义补;“之”,据文义补。

[26]“之吉”,据文义补。

[27]“吉”,据文义补。

[28]“短”,据文义补。

[29]“公”,据文义补。

[30]“公”,据文义补。

[31]“女”,据文义及P.4732V+P.3402V补。

[32]“女凶”,据文义及P.4732V+P.3402V补。

[33]“之”,据文义补。

[34]“举”,据文义补。

[35]“作”,据文义及P.4732V+P.3402V补。

① 参见陈于柱《敦煌写本宅经校录研究》,北京:民族出版社,2001年,第105、106页。

[36]“收日病”，据文义及P.4732V+P.3402V补。“收”为古代建除十二神之一，其在敦煌本《宅经》的排布顺序为建、除、满、平、定、执、破、危、成、收、开、闭①，本卷建除十二神的先后顺序与之相同。

[37]“吉”，据文义补。

[38]“欧”，当作“呕”，据文义改，“欧”为“呕”之借字。

[39]“食饮”，《日本杏雨书屋藏敦煌道教及相关文献研读札记》释作“饮食”，底本实无倒乙符号，改变原文顺序并无依据。原卷另附有题签“发病书一卷”，笔迹与占文略有不同。

[40]“急”，《敦煌占卜文献与社会生活》释作“净”，误。

[41]“六”，《日本杏雨书屋藏敦煌道教及相关文献研读札记》释作“未”，误。本卷“推年立法”宜忌书写的知识来源，主要取自古代以十二地支、十二月、五色、方位以及彼此的对冲观念，如卷中“年立卯，青色人苦，忌二月八月”，即卯属五行五色之中的东方青色，月份对应于二月，与卯具有对冲关系的则是酉，其月份为八月。按照古代占卜观念，对冲关系的双方应加以禁忌。据此可推本句“年立在丑，青色人苦”，其月份之禁忌应为“六月十二月”。

[42]“北”，《日本杏雨书屋藏敦煌道教及相关文献研读札记》《敦煌占卜文献与社会生活》释作“坎”。按照上述原理，“年立在丑”中丑对应的方位为西南，所冲之方位应为东北。

[43]“十”，《敦煌占卜文献与社会生活》释作“也”，误。

[44]“客死无后”，《敦煌占卜文献与社会生活》释作“鬼”，按底本实无“鬼”字。

---

① 参见陈于柱《敦煌写本宅经校录研究》，北京：民族出版社，2001年，第107页。

[45]“已”，当作“以”，据文义改，“已”为“以”之借字。以下同，不另出校。

[46]“精”，当作“睛”，据文义改，“精”为“睛”之借字。

[47]“皎”，当作“绞”，据文义改，“皎”为“绞”之借字。

[48]“昳”，据文义系衍文，当删。

[49]“苟”，当作“狗”，据文义改，“苟”为“狗”之借字。以下同，不另出校。

[50]“昏”，据文义补；“食时”，据文义系衍文，当删。

[51]“到”，当作“倒”，据文义改，“到”为“倒”之借字。

[52]“以此”，据文义补。

[53]“一”，当作“十”，据文义改。

[54]“食”，据文义补。

[55]“丈”，据文义补。

[56]“任”，当作“妊”，据文义改，“任”为“妊”之借字；“身”，当作“娠”，据文义改，“身”为“娠”之借字。

[57]“忌”，据文义补。

[58]“占”，据文义补。

[59]“雍”，当作“臃”，据文义改，“雍”为“臃”之借字，《敦煌占卜文献与社会生活》迳释作“臃”。

[60]“又”，当作“有”，据文义改，“又”为“有”之借字。

[61]“星死”，《敦煌占卜文献与社会生活》释作“星死鬼”，按底本实无“鬼”字。

[62]“巳”，当作“午”，据文义改。

[63]“卯”，当作“子”，据文义改。

[64]“悬”，当作“眩”，据文义改，“悬”为“眩”之借字。

[65]“赏”，当作“偿”，据文义改，“赏”为“偿”之借字。

[66]“非”，当作“飞”，据文义改，“非”为“飞”之借字。《外台秘要方》载“飞尸方三首”。

[67]“正”，据文义补。

[68]“家吊”，据文义补。

[69]“十死一”，据文义补。

第三节　法藏敦煌文献P.4732V+P.3402V《发病书》缀合研究

一、P.4732V、P.3402V的缀合与文献性质

法藏敦煌文献P.4732，首尾均缺，正面起“也上季路问”，讫“仍旧贯”；P.3402，首缺尾全，正面起“能事”，讫“论语卷第六”，有尾题[①]，后有“论语卷第六”等文字为硬笔书写。

学界业已指出P.4732是P.3402前6行残缺之上截，两件可以缀合，缀合后的文书正面系《论语集解》之《先进》《颜渊》两篇，[②]但对背面文字的缀合问题尚未进行研究和考证。

P.4732背当系P.3402背卷首部位的下半截，因为背面文字与正面反方向抄写。P.3402V首缺尾全，起“病□□”，讫“非其时、日、月不死”，占文并未抄完，前9行的下半截残缺，笔迹与正面不同，而且极为重要的是卷尾处有藏文题记。

① 尾题“二月十三日教书郎云麾将军金紫光禄大夫殿中监张嘉望题”。

② 参见许建平《敦煌经籍叙录》，北京：中华书局，2006年，第358页。

P.4732V起“解谢之吉”，讫“病人大急”，存7行文字。此件与P.3402V的行文字迹完全一致，两者的缀合情况如下：P.4732V第1行仅书“解谢之吉”四字，此句应承接于P.3402V第2行文字“衣，病□▭卧□水▭”之后，因为P.3402V第3行首句为“戊己日病”，据全卷文义和发病书的一般文例，前一行的尾句当是有关“丙丁日病”如何转危为安的内容。依照这一顺序，P.4732V第2、3、4、5、6、7行自然也就对应衔接于P.3402V第3、4、5、6、7、8行的下部，而且彼此都能够直接缀合、天衣无缝，如P.3402V第7行“庚辛日，晡时病者，白色者凶”，正与P.4732V第6行“非其时、色不死。祟〔在〕〔北〕君”相缀合，文义通达，完全符合此件写卷卜辞往往以“某色者凶，非其时、色不死”的文例表达与书写模式。

黄正建《敦煌占卜文书与唐五代占卜研究》虽未收录P.4732，也没有注意到两个卷号的缀合情况，但明确地指出了P.3402V与P.2856《发病书》属于同一性质的文本。[①]缀合后的P.4732V+P.3402V在性质上虽与P.2856《发病书》相同，但两者的篇目构成与书写内容、行文体例，彼此之间仍有不少差异。

二、P.4732V+P.3402V的文本特点与定名

与P.2856《发病书》相比较，P.4732V+P.3402V通篇无篇题，所存书写主要包括如下内容：

1.“十天干得病法”，即以十天干日为顺序，逐一书写各日病吉凶

---

① 黄正建：《敦煌占卜文书与唐五代占卜研究》（增订版），北京：中国社会科学出版社，2014年，第124页。

情况。如“庚辛日，晡时病者，白色者凶，/非其时、色不死。祟〔在〕〔北〕君”，同类的书写亦见于P.2856、P.3556V、S.P6《乾符四年（877年）具注历日》等其他发病书中（见图1），依次被题作“推十干病法”“推十干”“推十干得病日法”。同组占文，P.2856作“庚辛日病，白色人凶，非其色吉。甲乙日小重，丙丁日小差，头宜南首，吉”，P.3556V《推十干》作“庚辛日病者，鬼姓名〔田〕有春，令人心痛，以白纸身，呼名求之吉”，S.P6作“庚辛〔日〕病〔者〕，鬼〔名〕田有春，与白祇（纸）〔钱〕财，呼名解送即差”。比较而言，P.4732V+P.3402V比P.2856、P.3556V、S.P6《乾符四年（877年）具注历日》多出了有关病因、病状的书写。

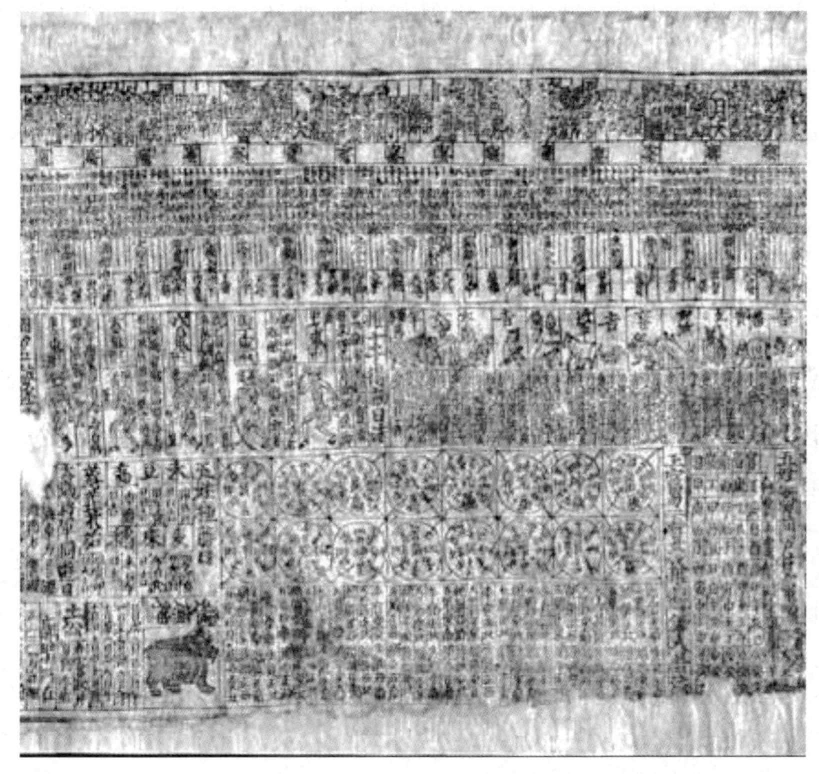

图2　S.P6《乾符四年（877年）具注历日》，图片取自IDP

2. “十二时得病法”，以十二时为序，预卜疾病。如：“巳时病者，青色凶，男重女轻，传送病之，十日困重，头痛，上灶君、北君，许言不赛，道路水上神人，祷不赛，犯南方土公，病者不死，七日差，坐动治门户所作，急解谢之吉。忌在申。”此类内容在P.2856《发病书》中被题作“推得病时法”，但两者占辞差异较大。

3. “十二建除得病法”，以十二建除为序，叙述疾病占卜情况。如：“平日病者，患腰、心腹痛、下利、短气、不能言语。祟在家〔神〕不赛，经年二日五日〔差〕。男重女轻，解之吉。”此组卜辞在P.2856《发病书》被题作“推十二祇得病法”，与此件的内容书写亦不一致，尤其是彼此关于病因的解释并不相同，以同组占文为例，P.2856作“平日病者，西南有所作，犯触树神，遣不葬鬼为祟。宜须急解，五日小降，七日大差”。

4. 推五行日得病法（拟）。P.2856《发病书》没有记载同类卜文，据此件书写来看，一般主要以金木水火土五行作为时间单位，如“火日病者，男凶女吉，火是朱雀，故男凶女吉，以水着头边”。

5. 推各月得病法（拟）。P.2856《发病书》没有记载同类卜文，此件重点叙说十二个月及闰月致病之鬼祟的所来方向，如“十一月病者，鬼从灶边来。十二月病者，鬼从井上来”，其目的是要“右此十二月病者，知鬼来处，捉排栓，依方啄入地，厌之吉”。

6. 推年立法（拟）。此组占辞与P.2856《发病书》之“推年立法”虽同样是以“年立”为纲，然占辞不同，且仅书“年立子”一组占辞，显然原卷没有抄写完整。

整体看来，P.4732V+P.3402V与P.2856《发病书》的文本差异比较明显，各组占文编排顺序、同类卜辞文例、书写内容等三个方面均差异较大，所以两件写卷应来自不同的底本。值得注意的是，S.6196V+S.6346V+？+羽015V+？+P.2978V《发病书》与P.4732V+P.3402V似有着共同的文本来源。前者由分藏于英国国家图书馆、日本杏雨书屋、法国国家图书馆的三件残卷缀合而成，此件同样通篇未见具体的篇题，所存占文基本依照“推得病时法”“推十二祇得病法”“推四方神头胁日得病法”“推年立法”的主题依次记述。P.4732V+P.3402V除没有“推四方神头胁日得病法”这一占法内容外，其余各组卜辞书写在文例、占文等方面与S.6346V+？+羽015V+？+P.2978V《发病书》均有着高度的一致性，两者甚至连各自的讹误、脱文夺字现象也大多一致，[①]所以有理由相信，P.4732V+P.3402V与S.6346V+？+羽015V+？+P.2978V《发病书》应该是抄自同一底本。羽015V原件附有题签《发病书一卷》，这是确定S.6346V+？+羽015V+？+P.2978V定名的重要依据之一，据此P.4732V+P.3402V亦可定名为《发病书》。

三、藏文题记与P.4732V+P.3402V《发病书》的年代学考索

P.3402正面文字间夹有藏文“stagvi lo虎年”纪年，这一点为潘重规先生最早注意到，并提出此卷应系吐蕃人的读本，[②]极有启发意义。李正宇先生亦从硬笔书法的行文风格，指出此件应系吐蕃时期的作

---

① 如P.4732V+P.3402V载“酉时病者，男差女剧。天罡病之，恐困。何以言之，天魁（罡）者，天上狱吏，故知困也”，其中“魁”根据文义当系“罡”之误写，S.6346V+?+羽015V+?+P.2978V《发病书》同句亦然；再如P.4732V+P.3402V载“戌时病者，男重女轻。〔太〕冲病之，不死”，“太冲”之“太”字原脱，S.6346V+?+羽015V+?+P.2978V《发病书》同句也将该字夺去。

② 潘重规：《简谈几个敦煌写本儒家经典》，《孔孟月刊》1986年第25卷12期，第2页。

品。[①]池田温先生初步判断P.3402是9世纪后期的写本。[②]

笔者认为，P.4732+P.3402正、背面的藏文书写是判断此件抄写时代的关键，然此前学界对此措意不多。特别是写卷背面卷末处书写一行藏文，其文字笔迹与正面的藏文笔迹完全相同，藏学专家陈践先生向笔者教示，其拉丁转写与汉译文为：

ban vde（de） hing an dang ban vde（de） hywa dar dang cung lag ten li kun dar

僧人恒安、僧人慧达和钟腊田、李君达

目前所知，在敦煌文献中被称作“恒安”的僧人只有一位，即居住敦煌的粟特人唐通信之从弟、沙州灵图寺僧人恒安。据荣新江先生检索，三井八郎右卫门藏《瑜伽师地论卷廿二》、大谷旧藏《瑜伽师地论卷廿三》、S.5309《瑜伽师地论卷三十》依次记载了唐大中十年（856年）十月至大中十一年（857年）六月间比丘恒安以法成弟子身份听讲《瑜伽师地论》的笔记，[③]这是敦煌汉文写卷中有关恒安的最早记录。

---

① 李正宇《敦煌古代硬笔书法》一文云：“本件编号P.3402，原件为盛唐时《论语》抄本，经过多年使用，已经残破不全，无法继续使用，吐蕃统治时期成为废纸，利用背面抄抄写写。在原抄本卷尾余白处有人用硬笔续写‘论语卷第六’五字。……背面《吉凶禁忌书》，笔迹与‘论语卷第六’五字同，抄写者当为同一人，亦吐蕃统治时期（781—848）硬笔书写。”参见《中国文化大学中文学报》第1期，1993年，第7、8页。

② [日]池田温：《中国古代写本识语集录》，东京：东京大学东洋文化研究所，1990年，第446页。

③ 三井八郎右卫门藏《瑜伽师地论卷廿二》题记：“大中十年十月廿三日，比丘恒安随听写记。”大谷旧藏《瑜伽师地论卷廿三》题记：“大中十年十一月廿四日，苾蒭刍恒安随听抄记。”S.5309《瑜伽师地论卷三十》题记：“比丘恒安随听论本。大唐大中十一年岁次丁丑六月廿二日，国大德三藏法师沙门法成于沙州开元寺说毕记。”

法藏敦煌文献P.4660有题“沙州释门法师恒安书”的敦煌名人、名僧邈真赞多则，其题记最早为咸通八年（867年）、最晚为中和三年（883年）。[①]S.6405系恒安答谢司空张议潮的状文，文中恒安自称“生自边土，智乏老诚（成）”，可知恒安在张议潮执掌归义军、称司空的时期（861—867年），[②]年事已高了。所以就敦煌汉文文献的相关记载来看，恒安主要活跃在唐大中十年（856年）至中和三年（883年）的张氏归义军时期。P.4732V+P.3402V《发病书》的汉文笔迹与其他恒安的墨迹比较相近，特别是“门”“公”“者”“收”“刚”“安”等字，只是P.4732V+P.3402V的文笔走势显得较为稚嫩而已，因此P.4732V+P.3402V《发病书》极有可能是为恒安抄写。另，根据敦煌汉、藏文资料来看，归义军时期敦煌社会使用的纪年方式主要有年号纪年和干支纪年，而属于吐蕃统治时期的敦煌藏文写卷则普遍使用生肖纪年，[③]由此笔者推断P.4732+P.3402正面藏文书写的“虎年”当是吐蕃统治时期的某一虎年。在吐蕃统治敦煌的半个多世纪中，虎年有丙寅年（786年）、戊寅年（798年）、庚寅年（810年）、壬寅年（822年）、甲寅年（834年）、丙寅年（846年）六次，如果充分考虑恒安在张议潮时期业已年高的事实，那么P.4732+P.3402中的藏文“虎年”最有可能是吐蕃统治敦煌时期的甲寅年（834年）与丙寅年（846年）当中的某一年，也就是说，法藏敦煌文献P.4732V+P.3402V《发病书》的抄写年代应为吐蕃统治晚期的甲寅年（834年）或丙寅年（846年）。

---

① 参见郑炳林《敦煌碑铭赞辑释》，兰州：甘肃教育出版社，1992年，第115页。

② 参见荣新江《归义军史研究——唐宋时代敦煌历史考索》，上海：上海古籍出版社，1996年，第71页。

③ 参见王尧、陈践《敦煌吐蕃文书论文集》，成都：四川人民出版社，1988年，第21、29、30、32页。

王晶波《敦煌占卜文献与社会生活》一书认为P.4732V+P.3402V内容较P.2856所载更为详细，指出该写卷的产生较P.2856《发病书》要晚。①但经过笔者上文的比较研究，可以看到目前无任何迹象能够表明两件写卷之间存有增补修订的情况，那么彼此内容的详略就不能作为判断此早彼晚的标准，故在这一基础上提出P.4732V+P.3402V抄写年代晚于P.2856的观点，还有待进一步商讨。

四、P.4732V+P.3402V《发病书》的特殊学术价值

学界此前普遍认为目前所知最早的《发病书》是抄写于咸通三年（862年）的P.2856《发病书》，但随着本文对P.4732V+P.3402V产生年代的确定，可将敦煌地区流行的《发病书》年代推进到吐蕃统治时期的9世纪30年代或40年代，即吐蕃统治晚期，由此P.4732V+P.3402V也成为目前所知时代最早的《发病书》，从而具有了特殊的价值和意义。同时，P.4732V与P.3402V的缀合，为学界研究敦煌本《发病书》增添了新的素材，此件与P.2856《发病书》在敦煌地区的共存，表明唐代流行的发病书至少有两种以上。

附录：P.4732V+P.3402V《发病书》录文

（前缺）

病□□［　　　　］衣，病□［　　　　］卧□水［　　　　］\解谢之吉。

① 王晶波：《敦煌占卜文献与社会生活》，兰州：甘肃教育出版社，2013年，第456页。

戊己日病，□时病者，黄色者凶，\非其时、色不死。祟在□人将客死鬼来呼，□□□为酒食上\得之。病者若心腹满、吐逆、短（?）气、咽喉痛、□□病当见血，\户门次来病之。取水去头（?）九寸安之，□黄衣，东首卧，辰戌\丑未日丑。

庚辛日，晡时病者，白色者凶，非其时、色不死。祟〔在〕〔北〕君球（录）病人魂魄，祟在北君发灶，许言不赛，病人大急▭壬癸日小差，忌丙子日。取水去□□□者床前卧吉。

壬癸日病者，未时得病者，黑色人苦，非时、色不死，祟在□为酒食上得之。因祠灶、客死鬼、野鬼、不葬鬼、溺死鬼共来作祟，又犯西方土公。病者四支不举、令人腹痛、注气、咽喉不利、下部闭塞，吴鬼所作。甲子日小差，戊戌巳日，取水去头九寸安之，以黑衣，病者南手（首）卧枕之吉。宜排（?）汤洗头，吉。宜急解之吉。

寅时病者，男重女轻，青色吉吉，征明，病者客（?）▭灶君、宅神、犯西方土。病者乍寒乍热，七□▭午未，四道误鬼、外养索食。申日忌。卯时病者，男差女剧，天刚病之，赤色者凶，祟在东方治门户、发灶，又人祷，不葬鬼、四道逢误为之。病者胸胁、心腹胀满痛，来去有时，土公病者，不三日五日污（愈）吉。在（再）有外绝后鬼不赛，急解谢之吉。

辰时病者，青色者凶，男重女轻，从魁病之，祟在星死女子鬼，犯西方土公，从南来，病人腰跨（胯）痛，丈人所（索），七日差，九日污（愈）吉。有北君不赛，谢之吉。忌在申。

巳时病者，青色凶，男重女轻，传送病之，十日困重，头痛，上灶君、北君，许言不赛，道路水上神人，祷不赛，犯南方土公，病者不死，七日差，坐动治门户所作，急解谢之吉。忌在申。

午时病者，青色凶，男重女轻，小吉病之，十日间困，头痛，祟在北君、灶〔君〕，有许言不赛，及道路、水上神久（不）祷，犯南方土公，病者不死，七日差。忌在未。

未时病者，男吉女凶，胜先病之，困辰（厄），黄色凶，亥味吐逆，短气，心腹胀满，祟在树神、家亲鬼索食，丈人所作，病者不死，四日得污（愈），十三日大差，家有啁（咒）咀（诅）言语，有人祷不赛，犯南方土公，忌在寅。

申时病者，男重女轻，太一病之，恐困。何以知之，太一者，天上长吏，故知困。头目痛，祟在自力男子鬼，出□作，胸胁背痛，大神前有许言不赛，犯西方土公。从丧家得之，病者，丈人文绝不祭祀，不葬鬼为祟，十二日污（愈）。忌在寅。

酉时病者，男差女剧。天罡病之，恐困。何以言之，天魁（罡）者，天上狱吏，故知困也。头目痛，祟在自力男子鬼、及山神来，不赛北君，许言不偿，道逢误鬼，丈人为祟，犯家中土公凶，青色凶，急解谢之吉。忌在辰。

戌时病者，男重女轻。〔太〕冲病之，不死。何以言之，太冲者，天上兵吏，令人头目痛、乍寒乍热。赤色凶。祟在故灶及外□神，犯西方土公，共客死鬼、星死女子鬼来为祟，道逢误鬼所作。五日小差，八日污（愈），吉。急解谢之吉。忌在午。

亥时病者，男差女剧，功曹病之，不死。头痛，四支不举，短气。黑色凶。祟在社公咒诅求灶、外神不赛。病者见血、苦痛。道逢误兵死鬼所作坐，犯南方土公。五日小差，七日污（愈），吉。急解谢之吉。忌在未。

子时者（病）病（者），男重女轻，大吉病之，大吉者，天上吏者。注心腹、头痛，〔短〕气。黑色凶。祟在北君，犯〔□〕方土公，庭中土发灶，在外兵死不葬鬼为祟，又女子鬼为祟。五日小差，七日污（愈），吉。宜急解谢之吉。忌在巳午。

建日病者，头痛、心腹下利，烦满惊恐。祟在灶君犯北方土行年，客死鬼、女子鬼所作。四道解之吉。除日病者，心腹下利，烦满惊恐。祟在灶君，犯北方土行年，客死鬼、女子鬼所作。死（四）道解之吉。

满日病者，患心腹痛，祟在灶君，犯行年土。男重女轻，有外神、父母、死（四）道时犯。解谢之吉。

平日病者，患腰、心腹痛、下利、短气、不能言语。祟在家〔神〕不赛，经年二日五日〔差〕。男重女轻，解之吉。

定日病者，不语、心腹痛。祟在丈人、司命、父母，四时不祭祀，星客男子鬼所作。解谢之吉。

执日病者，手足烦疼、臂痛。祟在前夫后妇，及〔北〕君、客死鬼所作，犯东宅西宅。男吉女凶。解谢之〔吉〕。

破日病者，心腹胀满、头目痛、腰背手足烦疼。祟在北君咒诅、兵、墓、土。男吉女凶。解谢之〔吉〕。

危日病者，寒热、头目痛、腰背、心腹满。祟在家亲神、坐治灶、家中不知、咒诅、丈人嗔怒。男吉女凶。解谢之吉。

成日病者，头痛、心腹胀满、四支不举，丈人不葬、及无后鬼所作。男吉女凶。十一日吐即差。谢之吉。

收日病者，头痛、心腹痛、手足烦疼。祟在井神、灶君、家神不喜。五日差。男轻女重。谢之吉。

开日病者，耳痛、欧（呕）吐，求灶吉。祟在门、户、井、灶、丈人，心腹痛，妇女鬼〔为〕祟。男重女轻。愈，谢之吉。

闭日病者，咽喉不通、小便不利、四支不举、面目肿、腹中急痛、不能食，由寒水祷（?）山神。谢之吉。

（符）

（符）

金日病者，男凶女吉，金是白虎，故知男凶女吉。以火着病人头边，吉。

木日病者，男〔吉〕女凶，木是青龙，故知男吉女凶。以金着病人头边，吉。

水日病者，男吉女〔凶〕，水是玄武，故知男吉女凶，以土著病人头边。

火日病者，男凶女吉，火是朱雀，故男凶女吉，以水着头边。

土日病者，男凶女吉，土是勾陈，故知男凶女吉，以土著病〔人〕头边。

正月病者，鬼从南来。二月病者，鬼从东南来。

三月病者，鬼从南方来。四月病者，鬼从西南来。

五月病者，鬼从西方来。六月病者，鬼从西北来。

七月病者，鬼从北方来。八月病者，鬼从东北来。

九月病者，鬼从大门来。十月病者，鬼从厕上来。

十一月病者，鬼从灶边来。十二月病者，鬼从井上来。

闰月病者，鬼从碓硙来。

右此十二月病者，知鬼来处，捉排栓，依方啄入地，厌之吉。

年立子，黑人色者凶，忌五月十一月，忌子午时，忌子日时。

以此日及时不得正南正北行，凶。勿得到丧家吊死问病。得病者十死一生，何以知之，建破临其年，故知十死一生。非其时日月，不死。

（中间空约两纸）

ban vde（de） hing an dang ban vde（de） hywa dar dang cung lag ten li kun dar（僧人恒安、僧人慧达和钟腊田、李君达）[①]

第四节　俄藏敦煌文献《天牢鬼镜图并推得病日法》缀合整理与研究

一、敦煌写本《天牢鬼镜图并推得病日法》文本概述

《俄藏敦煌文献》第八册刊布了由Дx.01258、Дx.01259、Дx.01289、Дx.02977、Дx.03162、Дx.03165、Дx.03829七个编号的残卷构成的一组文书图版，并将其定名为《天穵鬼镜图并推得病日法》。[②]黄正建先生最早指出此组文书系册子装形式，准确判定其性质为发病书，同时将检出的《俄藏敦煌文献》第13册所收Дx.6761号残卷与此组写卷进行了缀合[③]，并依据卷首首题将此组残卷正确定名为《天牢鬼镜图并推得病

① 本条藏文拉丁转写与汉译文由陈践教授释录、教示，特致谢忱。

② 俄罗斯科学院东方研究所圣彼得堡分所、俄罗斯科学出版社东方文学部、上海古籍出版社编：《俄藏敦煌文献》（8），上海：上海古籍出版社，1997年，第38—41页。

③ 黄正建：《关于〈俄藏敦煌文献〉第11至17册中占卜文书的缀合与定名等问题》，《敦煌研究》2002年第2期，第49页。

日法》[①]。王晶波《敦煌占卜文献与社会生活》一书再次检出《俄藏敦煌文献》第11册所收Дx.04253V、Дx.04253号文书，分别与上组文书之Дx.01259、Дx.01259V开展了缀合工作。[②]关长龙先生在此基础上，提出俄藏敦煌文献Дx5193系与以上残片同处一卷。[③]以上研究均有力推动了学界对此组文书的整体认识。

《唐六典》曾介绍“发病”为唐代“阴阳杂占”之一，然公私书目均未见载此类专书，学界很长时间对此类资料的具体情况并不清楚，因此敦煌发病书的发现，具有重要而多元的学术意义。自俄藏敦煌文献《天牢鬼镜图并推得病日法》相关资料刊布以来，学界前贤努力解决了此组文书的性质、定名，并作了部分缀合工作，是值得充分肯定的。但也必须看到，由于部分书叶在《俄藏敦煌文献》图版中排布错乱等原因，故目前关于此组文书的既有认识和观点可商者也不在少数，尤其是文书书叶的排列顺序、撰写者及年代学等问题均未彻底解决，既有释文也是第一次进行整理，亦有进一步整理的必要，如《发病书》中的“丈人”一词，既有整理本多释作“大人”，与文本的实际意蕴相距甚远，皆因不明其义致误，因此有必要对此组文书再作进一步探究。

---

① 黄正建：《敦煌占卜文书与唐五代占卜研究》，北京：学苑出版社，2001年，第142、143、216页。笔者按：写卷中“穿”实为“牢”之俗写，故《敦煌占卜文书与唐五代占卜研究》定名《天牢鬼镜图并推得病日法》为是。

② 王晶波：《敦煌占卜文献与社会生活》，兰州：甘肃教育出版社，2013年，第462、463页。《敦煌占卜文献与社会生活》同时认为Дx.05193、Дx.05193V可缀合在Дx.02977的下方，但此前黄正建《关于〈俄藏敦煌文献〉第11至17册中占卜文书的缀合与定名等问题》一文曾指出Дx.05193、Дx.05193V的字体与此件不同。笔者按：Дx.05193、Дx.05193V从内容上看确可与Дx.02977相衔接，但鉴于残存内容较少，现有图版不够清晰，因此Дx.05193、Дx.05193V是否系Дx.02977之残片的问题暂存疑，有待核查原卷。

③ 关长龙：《敦煌本数术文献辑校》，北京：中华书局，2019年，第1245页。

二、《天牢鬼镜图并推得病日法》的写本学研究

《天牢鬼镜图并推得病日法》图版在《俄藏敦煌文献》第8册中由7个编号组成，每个编号涵括了两组图版，除第一组情况尚不明了外，其余各组多为一纸的两面。为便于研究，笔者统一将每面书写用各组编号的正背面来表示。在这一前提下,《敦煌占卜文献与社会生活》一书对《天牢鬼镜图并推得病日法》各书叶的排列顺序为：Дx.01258+Дx.01258V+Дx.03165V +Дx.03165 +Дx.03829 +Дx.03829V +Дx.01259 +Дx.04253V +Дx.01259V +Дx.04253 +Дx.01289 +Дx.01289V +Дx.02977 +Дx.02977V +Дx.06761+Дx.06761V+Дx.03162+Дx.03162V[①]。对此笔者认为，Дx.01258+Дx.01258V与Дx.03162+Дx.03162V分别位于卷首和卷尾应无异议，但Дx03165V +Дx03165 +Дx03829 +Дx03829V 与 Дx01259 +Дx04253V +Дx01259V+Дx04253+Дx01289+Дx01289V+Дx02977+Дx02977V+Дx06761+Дx06761V两者的前后顺序，应互换方为正确。理由如下：

第一，《俄藏敦煌文献》第8册图版对Дx03165正、背面的放置本身是错乱的。因为此组文书是册子装，因此，如果目前写有“推得病日法”以及“建日”“除日”“满日”等三组占文的书叶（Дx.03165）是正面的话，那么被《俄藏敦煌文献》定为背面的有关“亥日病者”占文的一面（Дx.03165V），在占辞文例上则显然不能与所谓的“正面”相衔接，因为前者是以建除十二日为序，后者是以十二地支日为序。因此，有关“亥日病者”的一叶实在前，而“建日”“除日”“满日”等三组占

① 这里未将尚不能确定是否为《天牢鬼镜图并推得病日法》残片的Дx05193、Дx05193V统计在内。

文应为此叶背面，紧随其后，即Дx.03165V+Дx.03165是正确的书叶排布顺序，《俄藏敦煌文献》误将两者位置前后颠倒。在这一前提下，据此可推知在《天牢鬼镜图并推得病日法》原书中，以“亥日”等十二地支日为序的占文实应位处以“建日”等十二建除日为序的占文之前。

第二，既然以十二地支日为序的占文在前，那么抄写十二地支日最后一日“亥日”占文的Дx.03165V自然应排列在Дx.06761V之后。一则此组文书中所谓以十二地支日为序的占文实际正是P.2856《发病书》中的“推得病日法”，Дx.06761+Дx.06761V存有“申日病者”“酉日病者”“戌日病者”之占文，Дx.03165V中的“亥日病者”相关卜辞在文例上正可与前者顺联衔接；二则就卜辞而言，Дx.06761V最后三行书“戌日病者，大困，何以知之，天魁，天上北君，注收人命文案，故知大困。病者头痛、腰背上气。祟”，Дx.03165V前两行抄“在天神北君，求谢之吉。寅日小降，辰日大差，生死在子日，女轻男重”。P.2856《发病书·推得病日法》同条卜辞作“戌日病者，大重，天魁，天上北斗长史，主收人命，故知病大。头目，腰背，胸胁满涨，咽喉不利，短气吐逆，四支重，乍寒乍热。祟在天神北君、家亲丈人遣星死鬼，断后鬼为祟，鬼字叔止，女止在人舍南九十步，或九十步，以脂饼十番，水二杯，糠火送之。寅日小差，辰日大差，生死忌午，男差女剧”。对比可推知，Дx.06761V末行行尾之“祟”字与Дx.03165V首行行首之“在天神北君”，两者本应是出自前后相继、恰如完璧的同一条卜辞。所以Дx.06761V与Дx.03165V的排列顺序，正确的应是Дx.06761V+Дx.03165V，而Дx.01259至Дx.03165V残叶所存占文当均属“推得病日法”。

第三，《天牢鬼镜图并推得病日法》中以建除十二日为序的占文与P.2856《发病书》之“推十二祇得病法”几乎完全一致，后者所谓“十二祇”正是指“十二建除”，清《钦定协纪辨方书》卷四即把“建除”称作“建除十二神”。在P.2856《发病书》中，“推得病日法”同样被排在了“推十二祇得病法”之前，彼此之间还夹存“推初得病日鬼法”“推得病时法”两则篇目。

基于以上理由，笔者认为《天牢鬼镜图并推得病日法》各书叶的正确排列顺序应是：Дx.01258+Дx.01258V+Дx.01259+Дx.04253V+Дx.01259V+Дx.04253+Дx.01289+Дx.01289V+Дx.02977+Дx.02977V+Дx.06761+Дx.06761V+Дx.03165V+Дx.03165+Дx.03829+Дx.03829V+Дx.03162+Дx.03162V。缀合后的写本相继抄录有天牢鬼镜图、推得病日法、推十二祇得病法、游年八卦宜忌诗等四方面内容。学界此前之所以认为“推十二祇得病法(拟)”在前、“推得病日法”在后，可能是与Дx.03165在“建日”“除日”“满日”等三组占文之前写有“推得病日法”有关。笔者认为“推得病日法”诸字写在此件文书十二地支日占病卜辞与十二建除日占病卜辞之间，或许出于两种原因：一是抄写者将“推得病日法”作为前文，即十二地支日占病卜辞的标题写在了占文之后，二是抄写者误把“推十二祇得病法”写成了“推得病日法”，而其中前一种的可能性较大。

三、《天牢鬼镜图并推得病日法》的撰者及年代学研究

Дx.01258《天牢鬼镜图并推得病日法》的首页标题之后同一笔迹抄写有“张师天撰”诸字，学界对该则题记未能给予足够关注。从已知的敦煌藏经洞出土术数书和史志著录的术数书来看，很多书名都是伪托先贤圣人以神其书，如《黄帝宅经》《新集周公解梦书》《李老君周易十二钱卜法》《孔子马头卜法》等，甚至连敦煌古藏文本IOL Tib J

742《十二钱卜法》也是托名系“神子孔子制定”[①]，这种书籍命名方式在历史文献中可谓俯拾皆是。《淮南子·修务训》一语点破：“世俗之人，多尊古而贱今，故为道者必托之于神农、黄帝而后能入说。”然而俄藏敦煌文献《天牢鬼镜图并推得病日法》题名撰者为“张师天”，该名字于史无证。笔者认为文书中的“张师天”应为“张天师”之笔误。

东汉张道陵创五斗米道，张道陵及其后人与门徒被尊为“天师”，主要奉持《正一经》，崇拜鬼神，进行画符念咒、驱鬼降妖、祈福禳灾等活动，并由此在东汉以降的古代中国获得了广泛的社会影响力。《宋史·艺文志》著录有“张天师《石金记》一卷”。《天牢鬼镜图并推得病日法》的实际创编者将该书托名于“张天师撰”，自然有助于提高其影响力和可信性。

需加注意的是，笔者检索出两则史料，为解决历史时期确实存有题作“张天师”的《发病书》提供了有力证据。一是明清之际流行的《玉匣记》收录了《张天师祛病符法》：

> 凡书符者，叩齿三通，含净水一口，向东南喷之，咒曰：赫赫扬扬，日出东方。吾敕此符，普遍扫不祥。口吐三昧之火，服飞门邑之光。捉怪天蓬力士，破疾用秽迹金刚。降魔妖怪，化为吉祥。急急如律令，敕！[②]

文字后面紧接绘制一符箓，并强调“此符与病者配之大吉”。该符

① 陈践：《敦煌藏文ch.9.II.68号“金钱神课判词”解读》，《兰州大学学报》（社会科学版）2007年第3期，第1—9页。

② ［东晋］许真人：《增补完全玉匣记》，北京：中医古籍出版社，2012年，第154页。

箓与敦煌发病书中的符箓基本相同。

再则，在传世文献中确实存有题作“张天师”的《发病书》。笔者于2016年至2017年相继从江苏徐州沛县、山东青岛搜集两本线装书，前者护页书签位置明确题写“张天师发病书”诸字，后者书皮题写书名“发病全书”（见图1）。其中《张天师发病书》系线装手抄本，宽15.5厘米，高22厘米，书头、书根及书口多有残缺，书皮、书背中间存有书叶4张，每叶正、背双面抄写文字，各书叶画有上边栏，第一叶边栏下绘有两行边准。边栏上面横书一日至三十日的得病时间，如“一日病”“二日病”等，边栏下方竖写各日得病对应的卜辞。《张天师发病书》三十组占文起“一日病：东南上客死鬼作病。头病身无力，食无味。黄钱五张，东南送三十步，大吉利”，讫“三十日病：东北上，山神使男子鬼作病，头疼、脑疼，不思饮食。黄小钱五张，西北方四十步送之，大利”。

比较《张天师发病书》与敦煌吐鲁番出土发病书，彼此不仅性质相同且文例也基本一致，大多涵括了发病时间、病因、病状、厌禳仪式等内容要素，特别在厌禳仪式的书写上，《张天师发病书》与英藏敦煌文献S.P6《推十干得病日法》几乎相同，如S.P6亦有“丙丁日病〔者〕，〔鬼〕名丑得良，呼名与赤纸钱财，解送立差”的类似卜

图3　《张天师发病书》《发病全书》书影，笔者摄

辞。同时，彼此之间也略有差异，这主要表现在以下几方面：一是内容书写不同，P.2856《发病书》是敦煌吐鲁番出土发病书资料中篇幅最长者，相继存有八则篇目，而这些篇目均为《张天师发病书》所未见。二是行文文例不同。敦煌吐鲁番出土发病书所涉及的时间单位包括了行年、十二月、黑月白月、十二地支日、十二建除日、四方神头胁日、五子日、十天干日、五行日、七曜日、十二时等十多种，而《张天师发病书》主要以三十日、六十甲子日作为时间周期。这些差异充分反映了传统中国发病书种类的多样性以及内容的丰富性。

《张天师祛病符法》与《张天师发病书》的发现具有极其重要的学术意义。由于史志著录中没有以占卜疾病为名的著作，受资料了解的限制，学界此前对发病书在古代中国的存在和流行多持怀疑态度。黄正建[①]、王晶波[②]均认为发病书、占病书是某种杂抄书中的一部分，而不是专门书籍。刘永明则进一步认为敦煌写本发病书并非从中原传入的发病占术文献，而是由敦煌地区文化水平不高的宗教术士所改造和辑录的民间宗教文献。[③]《张天师祛病符法》与《张天师发病书》的发现，不仅解决了发病书确是一类专门书籍的问题，而且有力证实了发病书在中国古代社会的长期存在和普遍流行，更说明了敦煌藏经洞以及吐鲁番地区发现的多件发病书残卷绝非敦煌一地或西北地区所特有，而是发病书在古代中国普遍流行背景下的一种区域性再现。当然，

① 黄正建:《敦煌占卜文书与唐五代占卜研究》(增订版)，北京：中国社会科学出版社，2014年，第129页。

② 王晶波:《敦煌占卜文献与社会生活》，兰州：甘肃教育出版社，2013年，第469页。

③ 刘永明:《敦煌道教的世俗化之路——敦煌〈发病书〉研究》，《敦煌学辑刊》2006年第1期，第83页。

《张天师发病书》的发现，也顺带解决本节的问题，即俄藏敦煌文献《天牢鬼镜图并推得病日法》中的“张师天”应为“张天师”之笔误。

关于《天牢鬼镜图并推得病日法》的创制时间，此件最后一部分系“游年八卦宜忌诗”，主要以“诗”的形式书写求师疗病等生活宜忌。游年八卦所涵括的五鬼、绝命、祸害、天医等术语概念，最早出现于晋宋间的《虾蟆经》。[①]因此，俄藏敦煌文献《天牢鬼镜图并推得病日法》大约创制于南北朝时期，根据其册页装来判断，此件写本应抄写于晚唐五代宋初的归义军时期。为便于学界利用俄藏敦煌文献《天牢鬼镜图并推得病日法》和《张天师发病书》，现将相关释文整理如下。

附录一：

Дх.01258 +Дх.01258V +Дх.01259 +Дх.04253V +Дх.01259V +Дх.04253+Дх.01289+Дх.01289V+Дх.02977+Дх.02977V+Дх.06761+Дх.06761V+Дх.03165V+Дх.03165+Дх.03829+Дх.03829V+Дх.03162+Дх.03162V《天牢鬼镜图并推得病日法》录文

1　天牢鬼镜图并推得〔病〕日法[1]　张师天撰

（以下为Дх.01258V）

2　＿＿＿系无罪，病者自差。

3　＿＿＿者，囚系速出，□□

4　＿＿＿病者速差[2]。

5　＿＿＿内者，囚系难出，诉讼＿＿＿

① [日]丹波康赖撰，高文柱校注：《医心方》，北京：华夏出版社，1996年，第736页。

6 ▭者（?）速（?）差。

7 ▭第三牢内者，囚系有罪，争讼

8 病者忧重。

（以下为Дx.01259+Дx.04253V）

9 子日病者，不死，何以知之，神后，南斗

10 之孙[3]，注人命，故知不死。病者▭

11 手足烦疼[4]，从/外得之。辰▭

12 人来□▭□□/谢之吉。

13 ▭生/死在申▭

14 ▭午。

（以下为Дx.01259V+Дx.04253）

（前缺）

15 ▭知之？丑者

16 ▭主生人命[5]，/故知不死。▭

17 头痛及□□心腹。/祟在北君▭

18 解谢之吉。巳日小差，未/日大差[6]。▭

19 死在酉日，知之，男轻女重。

20 寅日病者，不死，何以知之，寅者〔功〕

（以下为Дx.01289）

21 曹[7]，天上五（?）官，注人寿命，故知不死。病

22 者呕逆，乍寒乍热。祟在丈人北□。

23 午日小差，申日大差，生死在戌，男

24 重女轻[8]，解之大吉。

25 卯日▭

（中缺）

（以下为Дx.01289V）

26　辰日病□▭

27　天罡，天上官（?）吏，主人命，故知大□

28　病者头痛，心腹胀满[9]，祟在□□

29　丈人，解谢之，吉。申日小差，戌日大

30　差，生死在子日▭俱从外得。

（以下为Дx.02977）

31　巳日病者，不死，何以知之，巳者□

32　乙，天上南斗之子，注主人命，故知不

33　死。病者头痛，饮食不下，祟在

34　年命土公，解谢之吉。酉日小差[10]，□

35　日大差。生死在丑[11]▭

36　午日病者[12]▭

37　光，天上都▭

（以下为Дx.02977V）

38　病者头痛▭

39　下，祟在丈人[13]▭

40　大差，生死在寅日，女[14]▭

41　未日病者，小厄，何以知之，未者□□

42　天上娇女，主侍人命，故知小厄，病

43　者头痛[15]，乍寒乍热，祟在丈人

44　注鬼，解谢之吉。亥日小差，丑日

（以下为Дx.06761）

45 大差，生死在卯日。女重男轻。

46 申日病者，不死，何以知之，申者传

47 送[16]，天上主薄，注人命，故之（知）不死[17]。病

48 者头痛[18]，手足心腹。祟在丈人、山□

49 解之吉。子日小降，寅日大差。

50 生死在辰。女轻男重。

51 酉日病者[19]，小困[20]，何以知之，酉者从

（以下为Дx.06761V）

52 魁，天上□□注收人命，故知小困。

53 病者头痛、四支寒热，祟在丈人、

54 外鬼，解谢之吉。丑日小降，卯日大差，

55 生死在巳日，男轻女重。

56 戌日病者，大困，何以知之，天魁[21]，

57 天上北君，注收人命文案，故知大

58 困[22]。病者头痛、腰背上气。祟

（以下为Дx.03165V）

59 在天神北君，求谢之吉。寅日小降，

60 辰日大差，生死在子日，女轻男重。

61 亥日病者，小厄，何以知之，征明，天□

62 南斗之孙，注□人命，故知不死。病

63 者头痛[23]，手足寒热，乍减乍加。祟

64 在丈人、北君，求谢之吉。卯日小降，巳

65 日大差，死生在未日，男重女轻。

（以下为Дx.03165）

66 推得病日法

67 建日病者，犯东方土公、丈人，索食祀

68 祭不了，有龙蛇为怪，家亲所为。

69 解之吉，七日差。除日病者，客死鬼

70 为祟，来去有时，耗人财物，令人□

71 讼，急须安宅解之吉，五日差。满日

72 病者[24]，断后不葬鬼与人为祟，病者

（以下为Дx.03829）

73 寒热，解送之吉，七日小降，十日大差。

74 平日病者，西南有造作，犯触神树，

75 不葬鬼为之。急谢之。五日小降，七日大差[25]。

76 定日病者，大神并司命鬼为祟，病

77 者心腹胀满[26]，须谢饲（祀）之吉[27]，七日小降，

78 十日大差。执日病者，有大神及宿

79 愿不赛，丈人将新死鬼为祟，解

（以下为Дx.03829V）

80 送之吉，七日小降，十日大差。破日病者，

81 犯触家废灶，土公丈人欲得食，

82 并星死鬼为之，解送之吉，五日小降[28]，

83 七日大差。危日病者，犯触□

84 南树神，丈人嗔责，遣客死鬼为□，

85 解谢送吉，七日小降，十日大差。

（以下为Дx.03162）

86 诗曰：

87 衰气五鬼有飞灾，不宜买六□□

88 来，更忌吊丧并动土，定应□

89 病损钱财。

90 绝命、祸害百不宜，迎师问病及□

91 医，若往此□衰厄病，

92 [　　　]困死无后[　　　]

（以下为Дx.03162V）

93 [　　　]方婚姻移[　　　]□[　　　]

94 财并六畜，孳生万倍定[　　　]

95 天医之方宜服药、求师疗病□□

96 恶，针灸一切往其方，先圣□

97 经，定不错。

98 黄帝曰，凡人灾并（病）之方名曰[29] [　　　]

99 往来其地，必见死亡。

校记：

[1]“牢”，*Divination et sociétédans la Chine médiévale. Etudedes manuscripts de Dunhuang de La Bibliothèdque nationale de France et du British Museum* 释作“宇”，误；“病”，《敦煌占卜文书与唐五代占卜研究》据文义校补。

[2]“速”，《敦煌占卜文献与社会生活》释作“迟”，误。

[3]“斗”，据P.2856《发病书》及文义补。

[4]“烦”,《敦煌占卜文献与社会生活》释作“头”;“疼”,《敦煌占卜文献与社会生活》未能释读。

[5]“主生”,笔者按:P.2856《发病书》之“推得病日法”常有“主生人命”之占文,故据此补,《敦煌占卜文献与社会生活》释作“注”。

[6]“差”,据P.2856《发病书》之“推得病日法”丑日条“巳日小差,未日大差”文例及文义补。

[7]“功”,据P.2856《发病书》之“推得病日法”寅日条“寅日病者,不死,寅者,功曹”句及文义补。

[8]“男”,据文义补。

[9]“心”,据P.2856《发病书》之“推得病日法”辰日条“十死一生,为人黄色,头痛,心腹胀满”句及文义补。

[10]“差”,据文义补。

[11]“生死在丑”,俄藏敦煌文献Дx.05193第一行“日,男重女轻”疑可衔接此处。

[12]“午日病者”,俄藏敦煌文献Дx.05193第二行“何以知之,午者”疑系此句后之残文。

[13]“丈”,《敦煌本数术文献辑校》释作“大”,误,敦煌发病书中的“丈人”即武威西夏木板画中的“蒿里老人”。“祟在丈人”,俄藏敦煌文Дx.05193V第一行“吉,戌日小差,子”疑系此句后之残文。

[14]“生死在寅日,女”,俄藏敦煌文献Дx.05193V第二行“轻男重”疑系此句后之残文。

[15]“病”,据文义补。

[16]“传”,据P.2856《发病书》之“推得病日法”申日条“申日病者,不死,申者传送”及文义补。

[17]“之”，当作“知”，据文义改，“之”为“知”之借字。

[18]“病”，据文义补。

[19]“者”，据文义补。

[20]“小”，据文义补。

[21]“魁”，据P.2856《发病书》之“推得病日法”戊日条“戊日病者，大重，天魁”及文义补。

[22]“大”，据文义补。

[23]“病”，据文义补。

[24]“日”，据文义补。

[25]“差”，据文义补。

[26]“病”，据文义补。

[27]“饲”，当作“祀”，据文义改，“饲”为“祀”之借字。

[28]“降”，据文义补。

[29]“并”，当作“病”，据文义改，“并”为“病”之借字。

附录二：《张天师发病书》录文

一日病：东南上客死鬼作病。头病身无力，食无味。黄钱五张，东南送三十步，大吉利。

二日病：东南得家亲鬼。初头疼，忽乱不安，四肢无力，吐不止，发冷发热。白小钱五张，东方送五十步，即安康。

三日病：北方得病是家鬼。乍冷热，食不进口。黄钱五张，正北上送四十步，大吉安。

四日病：东北上得病。手脚重，身忽乱，头中疼，吐不安。用黄钱五张，东北上送五十步。

五日病：东北上，石柳鬼作患。乍寒乍热，吐不安，鬼在床上坐。用黄小钱五张，东北五十步送之。

六日病：正东得病，头鬼作病。四肢沉重，遍身疼。白小钱五张，正东送之四十步，即安。

七日病：东南得病，土地神使家亲。吐寒热，手足沉重。用白小钱五张，送东南上二十步。

八日病：东北上得病，土地使妇人。足疼、四肢无力，食不进口。黄钱五张，送东北三十步。

九日病：正南上，少妇人。手足重，坐立不安，吐不止。白小钱五张，正南送三十步。

十日病：得病，正东。先轻后重，手足如打，头疼，忽乱不安。白小钱五张，正东上送三十步，大吉大利。

十一病：得病正北，枉死妇人。上冷下热，吐不止。用黄小钱五张，西南送之三十步，大吉。

十二病：东北上得病。先轻后重，吐不宁，坐立不安。用白小钱五张，东北上送三十步，大吉。

十三日病：得病东北上，少年男子鬼。忽乱不安，吃食无味。用黄小钱五张，正北送五十步外，即安。

十四日病：正东上得病，家人引鬼。手足冷，吃食无味，不安宁。白小钱五张，正东送三十步。

十五日病：正南上，水火二神作病。手足沉重，身体忽乱不安。白小钱五张，送正南三十步，大吉。

十六日病：西南得病，家亲。头疼，身重，四肢冷。用黄小钱五张，西南送四十步，即安。

十七日病：得病，正西，少年女鬼。头疼，坐立不安，寒热不分，手足冷。黄小钱五张，西方送三十步。

十八日病：西南借物吃食上得。乍寒乍热，忽乱不安，吃食无味，鬼在床东南上。白小钱五张，西南四十步送之。

十九日病：得病正北，枉死妇人鬼。上热下冷，吐酸水，不思饮食。用黄小钱五张，西南三十步送之。

二十日病：东北上病。先轻后重，土地使家人。呕吐不宁，起坐不安。白小钱五张，东北上送五十步，即安。

二十一日病：东北上家亲少年男子鬼。忽乱不宁，用黄小钱五张，正北四十步送之，即安。

二十二日病：正东井神引鬼兵。手足冷，不安宁，吃食无味。黄小钱五张，东南送三十步。

二十三日病：正南得病，五道山神使鬼作病。坐卧不安，肚子疼，黄小钱五张，西南四十步送之。

二十四日病：西南上老母不葬鬼作病。四肢沉重，寒热呕逆。黄小钱五张，向东南送五十步，即安。

二十五日病：正西上金神老子鬼作病，不思饮食，鬼在卧床坐。黄小钱五张，正西四十步送之。

二十六日病：西北上，火神使尚鬼，头疼不安。用黄小钱五张，向西北方五十步送之，大吉。

二十七日病：正东得病，东方神使小男子未合鬼，头疼，吐水，恶心，乍冷乍热。黄小钱三张，正东送三十步。

二十八日病：正北上，金神使小女子鬼，头疼，发热，起坐不安，不思饮食。白小钱五张，向西送五十步。

二十九日病：东南上，土地使家亲鬼，头疼，沉重，乍寒□□，吃食无味，鬼在西南器物上坐。白小钱七张，东南方三十步送之，大吉。

三十日病：东北上，山神使男子鬼作病，头疼、脑疼，不思饮食。黄小钱五张，西北方四十步送之，大利。

第四章　敦煌藏文本《出行择日吉凶等占法抄三种》题解与释录

英国国家图书馆藏敦煌文献S.6878首缺尾全，卷轴装，由多纸粘连而成。文书正面抄写汉文《大般若波罗蜜多经》卷第五四〇，背面第五纸开始用藏文文字抄写。此件藏文文献存文字三十七行，通篇字迹一致，系为一人抄写；文字中间穿插配有图十二幅，相继记录了出行占、婚嫁占、失物占等三种性质不同的占法。20世纪80年代，陈庆英先生最早关注到S.6878V藏文内容，准确将其判定为占卜书，并释读了部分文字，[①]其成果对后继研究起到了重要的奠基作用。但受到早期研究限制，此前对S.6878背面藏文书写与敦煌出土遗书、传世本相关汉文本材料的比较研究还推进得不够，因此有必要进行综合比较研究和校理释录。

一、出行占

S.6878V从第一行到第十六行是有关出行占的书写，涵括了前两幅

① 陈庆英:《〈斯坦因劫经录〉、〈伯希和劫经录〉所收汉文写卷中夹存的藏文写卷调查》,《敦煌学辑刊》1981年第2期,第114—116页。

图，有首题“出行择日吉凶法（汉译）”，其后用图文并茂形式，相继记录了两项有关出行择日的占法。

1.图一，分内外两层，内圈逆时针依次书写天门、天贼、天财、天阳、天宫、天阴、天富、天盗，外圈为对应内圈的八组数字。[①]

图式下面的占文依照上述各名称依次叙述出行的吉凶，基本情况为天门、天财、天阳、天宫、天富为吉，天贼、天阴、天盗为凶。同类占法在敦煌汉文写本中保存有S.5614《占周公八天出行择吉日法》、S.612《宋太平兴国三年戊寅岁（978年）应天具注历日·周公八天出行图》两件。S.5614《占周公八天出行择吉日法》上部完整，下部残缺，存七行文字：

> 占周公八天出行择日吉凶法：每月一日、九日、十七□
>
> 行日大吉，得财。三日、十一日、十九日、廿七日，是天财日，出□
>
> 吉。十三日、五日、廿一日、廿九日，是〔天〕宫日，小吉，恐□□
>
> 廿三日，是天富日，出行、觅财、求官，四路□□
>
> 天阳日，出行平安大吉，得官禄。十八日、二日、十□
>
> 尚折或逢贼劫剥。十四日、六日、廿二日，是天□□
>
> 官事起，十六日、八日、廿四日，是〔天〕盗日，出行

① 汉译文为天门：一、九、十、十七、二十五。天贼：二、十、十八、二十六。天财：三、十一、十九、二十七。天阳：四、十二、二十八。天宫：五、十三、二十、二十一。天阴：六、十四、二十二、三十。天富：七、十五、二十三。天盗：八、十六、二十四。

□

(后缺)[1]

《占周公八天出行择吉日法》在S.612《宋太平兴国三年戊寅岁(978年)应天具注历日》中被称作《周公八天出行图》,文字较为完整:"天门:一日、九日、十七日、廿五日,所求大吉。天贼:二日、十日、十八〔日〕、廿六〔日〕,伤害,凶。天财:三日、十一〔日〕、十九〔日〕、廿七日,百事吉。天阳:四日、十二〔日〕、廿〔日〕、廿八日,出行平。天宫:五日、十三〔日〕、廿一〔日〕、廿九〔日〕,开通,吉。天阴:六日、十四〔日〕、廿二〔日〕、卅日,主水灾,凶。天富:七日、十五〔日〕、廿三日,求财,吉。天盗:八日、十六〔日〕、廿四日,主劫害,凶。"

除了敦煌文献之外,流行于明清时期的《玉匣记》也记录有同类占法,被题作"中元将军所管四仲月吉凶图",[2]该图将一月三十天分配到八天各个名下,图下记述八天出行的吉凶情况:

天盗、天贼日出行者,求财不成,纵有主失脱,官事无理,大凶。

天门日出行者,凡事遂心,所求和合,去处通达,此日用之,大吉。

① 图版参见中国社会科学院历史研究所、中国敦煌吐鲁番学会敦煌古文献编辑委员会、英国国家图书馆、伦敦大学亚非学院合编《英藏敦煌文献(汉文佛经以外部分)》第八卷,成都:四川人民出版社,1992年,第150页。

② [东晋]许真人:《增补完全玉匣记》,北京:中医古籍出版社,2012年,第130页。

天堂如出行者，所求顺遂，贵人接引，买卖亨通，诸事如意，大吉。

天财日出行者，最宜求财，必定通利，好人相逢，百事和顺，大吉。

天仓日出行者，见官得喜，财源丰益，凡事顺利，此日用之，大吉。

天候日出行者，吉少凶多，主有口舌是非，血光之灾，此日大凶。

天阳日出行者，求财得财，求婚得婚，此日用之，大吉。

这里的八天名称与敦煌汉、藏文的记载略有不同，但其性质均属于以占出行吉凶为指向的术数。需加注意的是，敦煌汉文文献S.612、S.5614均有文无图，但就卷面来看，S.612《周公八天出行图》卜文右侧留有相当空白，应是为绘图而备。《中元将军所管四仲月吉凶图》的发现，充分表明八天出行图实际确实是有图的，敦煌藏文本S.6878V第一张图式及行文结构与《中元将军所管四仲月吉凶图》几乎完全一致，应依据汉文本的八天出行图编译而成。

2. 图二，分三层，中心圈内空白，第二层内依次书写朱雀、虎头、虎腋、虎足、青龙、龙头、龙腋、龙足，第三层为对应第二层的八组时间数字，具体是：

朱雀：一、九、十七、二十五。

虎头：二、十、十八、二十六。

虎腋：三、十一、十九、二十七。

虎足：四、十二、二十、二十八。

青龙：五、十三、二十一、二十九。

龙头：六、十四、二十二、三十。

龙腋：七、十五、二十三。

龙足：八、十六、二十四。

图后占辞则按照上述顺序记述各日出行之福祸吉凶。图二中的时日名称，在敦煌汉文本发病书中被称作“四方神头胁日”[①]。同类内容亦见于《玉匣记》，该书所收《下元将军所管四季月吉凶图》以四方神头胁日均分三十日的图示为引领，其下记述出行之吉凶：

朱雀日出行，求财不得，主反失财，见官无理，此日大凶。

白虎头日出行者，只宜远行，求财必得，去处通达，此日大吉。

白虎胁日出行者，求财如意，东西任行，南北利往，好人相逢，大吉。

白虎足日出行者，不宜远行，作事不成，求财不利。

① 法藏敦煌文献 P.2856《发病书》记录了“推四方神头胁日得病法”：“朱雀日，一日、八日、十六日、廿三日，病者司命为害，犯北君、外神、祖父母所作，谢之吉。白虎头日，二日、九日、十七日、廿四日，病者不死，丈人所作，为解之日降，七日大愈。白虎胁日，三日、十日、十八日、廿五日，病者不死，丈人将他外鬼为祟，解，五日差。白虎足日，四日、十一日、十九日、廿六日、卅日，病者，兄弟鬼所作，急解之吉。青龙头日，五日、十二日、廿日、廿七日，病者不死，无后鬼所〔作〕，急解之，八日差。青龙胁日，六日、十三日、廿一日、廿八日，病者不死，丈人时（将）地狱死鬼来，来欲得食，解之吉，八日差。青龙足日，七日、十四日、廿二日、廿七（九）日，病者连流肿而脚寒热，祟在客死鬼，解之吉。”

玄武日出行者，主招口舌，百事不利，不可用之，此日大凶。

青龙头日出行者，宜鸡鸣时或卯时出门，求财通达，百事大吉。

青龙胁日出行者，求财遂心，凡事称意，东西南北任意行，大吉。

青龙足日出行者，求财不利，见官没理，凡事不吉，不宜用此日，凶。

综合来看，完整的“四方神头胁日”或“四神日”包括了朱雀、白虎头、白虎胁、白虎足、玄武、青龙头、青龙胁、青龙足等八个时间单位，以此比勘，S.6878V图二中的“青龙”实际应为“玄武”。虽然在敦煌汉文文献中暂未发现同类型的出行占资料，但鉴于S.6878V第二张图式结构内容与《下元将军所管四季月吉凶图》相近，可推知其文本亦是依据同类的汉文本编译而成。

二、婚嫁占

婚嫁占是S.6878V中篇幅最长的一件，起第十七行，讫第三十一行，包括第三张图至第十一张图。所存内容均是利用十二生肖、十二地支、十天干的不同组合来占卜男女的婚配吉凶，同样也是以图系文。卷中多个图式与敦煌汉文本历书S.P6《乾符四年（877年）具注历日·吕才嫁娶图》（见图1）中“支合”“八开”“四检”“地带”“支德”“干合”“冲破”等有关婚嫁占卜的术数规程一致。

曾有学者认为现在部分藏族聚居区流行的属相占婚嫁礼俗源自吐蕃苯教文化，然英藏敦煌汉文写卷S.P6《乾符四年（877年）具注历日·

图1 S.P6《乾符四年（877年）具注历日·吕才嫁娶图》，图片取自IDP

吕才嫁娶图》则有力证实了敦煌藏文本S.6878V婚嫁占图文实系改编自汉文术数文献《吕才嫁娶图》，那么现代部分藏族聚居区盛行的生肖婚嫁占习俗其历史来源应承袭自汉地婚嫁文化，而与苯教无涉。

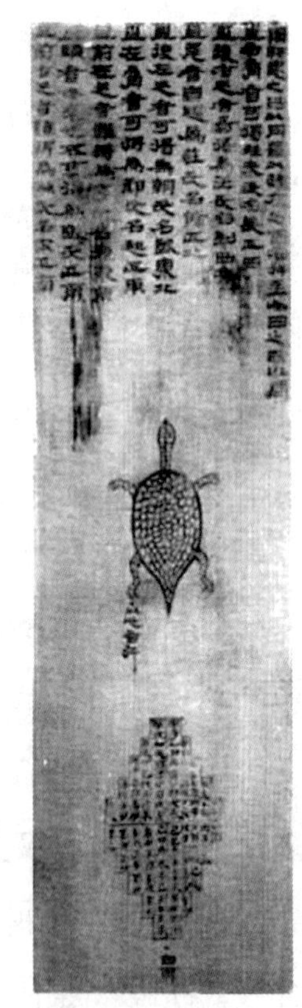

图2 《神龟占》，图片取自《尹湾汉墓简牍综论》

三、失物占

S.6878V最后一部分是有关失物占的书写，存约十行文字和最后一幅图示。其内容由标题“金龟择吉占走失法（汉译）”及占卜方法介绍、金龟图、宜忌卜辞等三部分构成。连云港尹湾汉墓出土术数文献中保存有《神龟占》（见图2），书于九号木牍正面上部，该占法同样由一个神龟像与一段占测吉凶的文字组成。刘乐贤先生释读如下：“用神龟之法：以月晁以后左足而右行，至今日之日止，问。直右胁者，可得，姓朱氏，名长，正西。直后右足者，易得，为王氏，名到，西北。直尾者，自归，为庄氏，名余，正北。直后左足者，可得，为朝氏，名欧，东北。直左胁者，可得，为郑氏，名起，正东。直前左足者，难得，为李氏，名多，东南。直头者，毋来也，不可得，为张氏，正南。直前右足者，难得，为陈氏，名安，正西南。"①

敦煌藏文本S.6878V中《金龟择吉占走失法》的占卜数理与尹湾汉墓《神龟占》基本相同，两者的乌龟图像亦是大同小异。俄藏敦煌文献Д.x.01236亦存有"推神龟走失法第二"，此件内容体系比较清楚，即先推出"走失日"在神龟的部位，然后再根据此部位的占辞求失物。敦煌藏文本S.6878V中《金龟择吉占走失法》的占法与俄藏敦煌文献Д.x.01236《推神龟走失法第二》的推算规则、乌龟部位描述完全一致，因此敦煌藏文本《金龟择吉占走失法》与汉文本《推神龟走失法》是同一性质的占法文书。

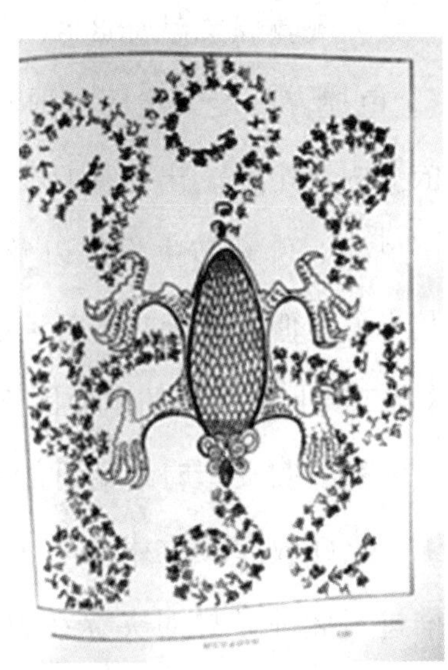

图3　《龟占走失》，图片取自《增订爨文丛刻》

同类的乌龟占走失图文还出现在我国西南彝族的《玄通大书》中(见图3)②,该书所存龟占图文题作"由此占失物去向"，其内容构成与尹湾汉墓《神龟占》、敦煌藏文本《金龟择吉占走失法》基本一致，展示出龟占走失这一占卜术的传流可谓既久且广。鉴于现有吐蕃史料未

① 刘乐贤:《尹湾汉墓出土术数文献初探》,载连云港市博物馆、中国文物研究所编《尹湾汉墓简牍综论》,北京:科学出版社,1999年,第175页。

② 参见马学良主编《增订爨文丛刻》下册,成都:四川民族出版社,1987年,第1790页。

见有关龟占的记录，参照尹湾汉墓《神龟占》、敦煌汉文本Дx.01236《推神龟走失法》，敦煌藏文本S.6878V《金龟择吉占走失法》无疑应是依据类似汉文本《推神龟走失法》的同类典籍编译而成。

四、小结

英藏敦煌文献S.6878V相继抄写了《出行择日吉凶法》、婚嫁图文、《金龟择吉占走失法》三种涉及出行、婚配、走失的藏文占法，其定名依据内容定作《出行择日吉凶等占法抄三种》。综合此件藏文写本的文字风格、佛教转生思想以及汉族术数知识在其中运用较多等现象，尤其未见类似抄写于吐蕃时期的P.T.1047V《羊肩胛骨卜抄》、IOL Tib J742《十二钱卜法》中的苯教因素，笔者认为此件藏文文献抄写于唐后期五代宋初的归义军时期的可能性较大。

此件敦煌藏文术数写本具有重要的文献学价值，它的发现和整理推进了此前学界对夹存在敦煌汉文资料中的藏文社会历史文献关注不够、释读不详尽等问题的解决，同时，通过敦煌藏、汉文术数书的综合比较，也为认识和解决同类敦煌汉文文书的残损问题提供了难得的文献参考，有助于从整体与宏观层面了解唐宋时代术数文献的内容构成和社会传播。

此外，敦煌藏文本S.6878V《出行择日吉凶等占法抄三种》为推进对唐宋之际，尤其是归义军时期敦煌吐蕃移民社会史的研究提供了新的素材。透过此件文书，可以管窥吐蕃移民在出行、婚嫁、失物等生活场域中的心态与惯习。《出行择日吉凶等占法抄三种》作为影响和约束人们日常生活的择吉占法，亦是吐蕃移民用以规避可能有的生命危机，在现实和心理场中获得安全感的一种文化手段。尤其通过S.6878V

与相关敦煌汉文文书的互勘比对，不难发现S.6878V的编纂者对婚嫁占文的相关规则并不在意，说明性文字很少。这一现象表明，吐蕃移民对源自汉族的婚嫁择吉礼俗非常熟悉，成为吐蕃移民强调与汉族进行族际通婚具有可行性、合乎地方礼俗的一种文化表达。

附录：敦煌藏文本S.6878V《出行择日吉凶等占法抄三种》汉译释文

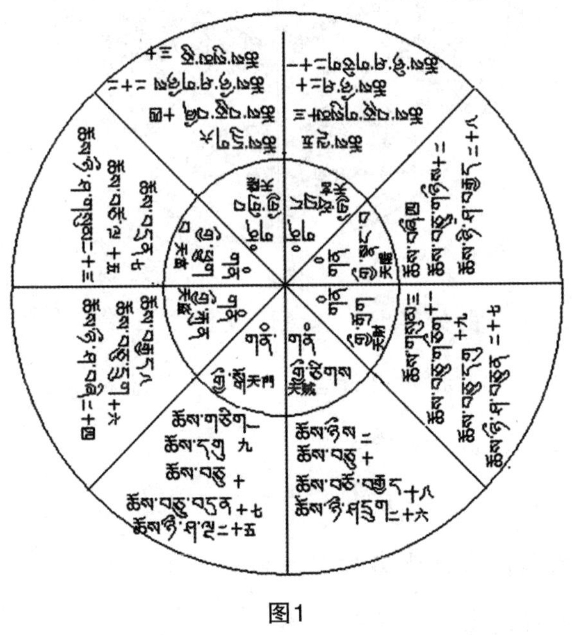

图1

出行择日吉凶法

天门之日，出行吉祥圆满。

天贼之日，出行遇损耗，不吉。

天财之日，出行逢友，诸事圆满，大吉。

天阳之日，出行逢友及宴会，吉。

天宫之日，出行逢友，获利，大吉。

天阴之日，出行遇损耗，不吉。

天富之日，出行得财、逢友，诸事圆满，大吉。

天盗之日，出行遇匪盗，大凶。

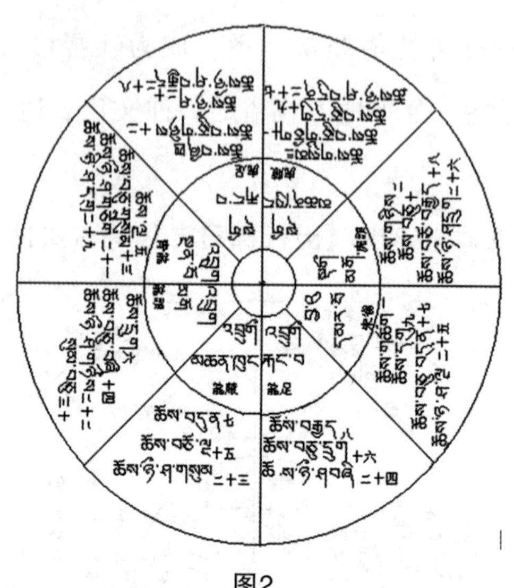

图2

朱雀之日，出行得财、逢友、大吉。

虎头之日，为胜业出行吉，为私事出行凶。

虎腋之日，出行中吉。

虎足之日，出行不获利，中下。

青龙之日，为胜业出行吉，为私事出行凶。

龙头之日，出行遇损耗，凶。

龙腋之日，出行得财，吉祥圆满，大吉。

龙足之日，出行不利，凶。

བྱི་བ 鼠	ཕག 猪	ཁྱི 狗	བྱ 雞	སྤྲེལ 猴	ལུག 羊	
བྱི་བ 鼠	ཕག 猪	ཡོས་བུ 兔	འབྲུག 龍	སྦྲུལ 蛇	རྟ 馬	

图3

男女婚配依照此序，不可乱序则吉。

图4

男女依照此婚配则吉，鼠，牛，狗，除无子外其他吉。

图5

男女依照此婚配，有子五男二女。

图6

男女依照此婚配，富裕稳固。

图7

男女依照此婚配，守财。

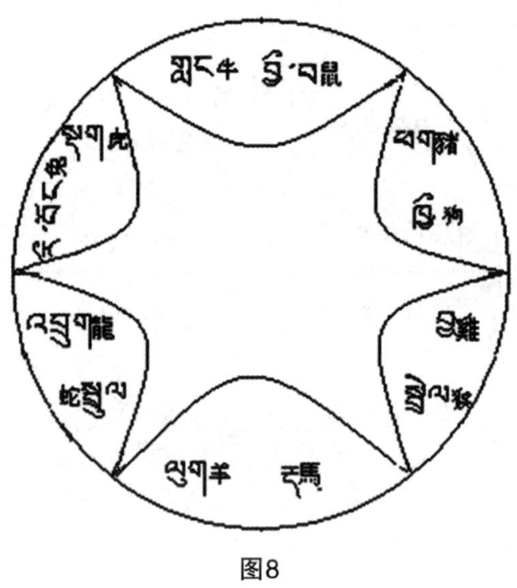

图8

男女依照此婚配，世代富裕稳固。

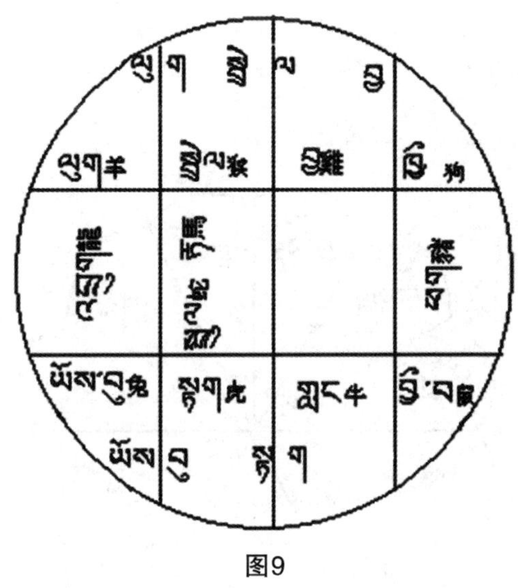

图9

男女依照此婚配，富裕稳固。

图10

男女依照此婚配，吉。

以下皆不吉。

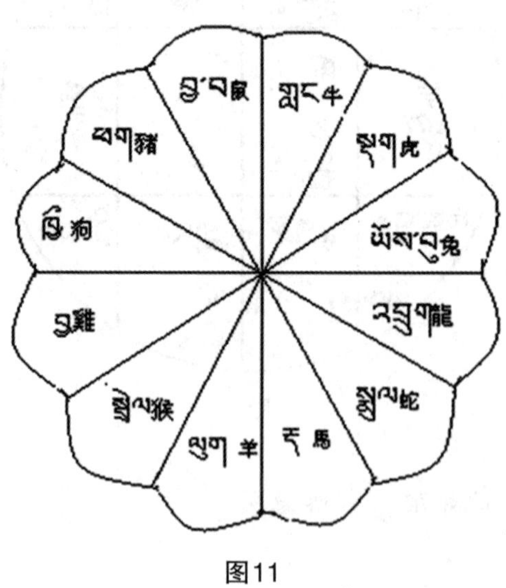

图11

以上即所谓六冲，不吉。

金龟择吉占走失法。

从每月一日起计算到丢失日，看对应龟所在的某一部位。

大月从头的右侧开始算起。

小月从尾的左侧算起。

龟的尾部后写着吉凶卜辞。

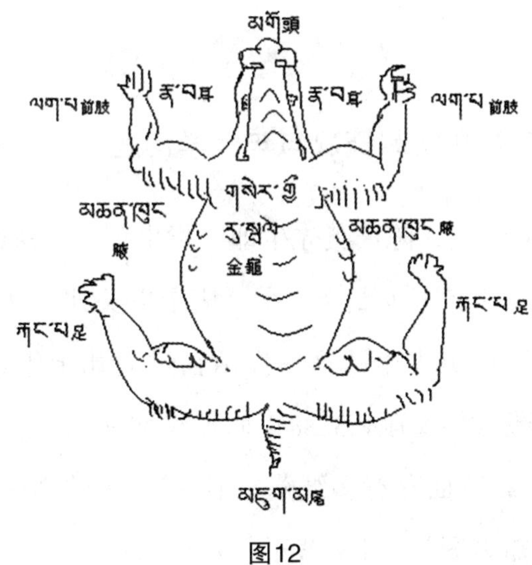

图12

头日失者，染色工匠附近寻而可得。

耳日失者，可自归但无利。

前肢日失者，在高山，深谷，坟地寻而可得。

腋日失者，在金匠，纺织工，村落附近寻而可得。

足日失者，陶器坊，田埂，集市寻而可得。

尾日失者，深沟处寻而可得。

第五章　敦煌藏文本《沐浴洗头择吉日法》整理与研究

一、P.3288V藏文文献概况与年代学问题

早在20世纪80年代，陈庆英先生即已指出英藏、法藏敦煌汉文写卷的背面字行之间或存有不少藏文文字，应予以关注和研究。[①]由于受诸种条件的限制，陈庆英先生的这一提示在过去几十年始终未能受到学界充分重视。法藏敦煌文献P.3288正面抄汉文文书《玄像西秦五州占、太史杂占历等》[②]，背面存有多纸藏文书写，《敦煌遗书总目索引新编》定名为《藏文不知名图》《藏文若干行》[③]，萨仁高娃认为包括了两种藏文文献[④]，一种似乎是天文历法图，另一种似乎是咒语。由于学界此前未能对P.3288背面的藏文书写进行完整释读和深入研究，故以上定名与介绍均不正确。

---

① 陈庆英:《〈斯坦因劫经录〉、〈伯希和劫经录〉所收汉文写卷中夹存的藏文写卷调查》,《敦煌学辑刊》1981年第2期,第114—116页。

② 郑炳林、陈于柱:《敦煌占卜文献叙录》,兰州:兰州大学出版社,2014年,第66页。

③ 敦煌研究院编:《敦煌遗书总目索引新编》,北京:中华书局,2000年,第276页。

④ 萨仁高娃:《国外藏敦煌汉文文献中的非汉文文献》,载国家图书馆古籍馆编《文津学志》第三辑,北京:国家图书馆出版社,2010年。

P.3288由多纸粘连而成，首尾均缺，背面自右向左相继抄写《佛典摘抄》《佛曲》《乐住山》《五台山赞》、藏文文献、《乾宁三年（896年）丙辰岁正月归义军节度押衙某杂写》《步军都知兵马使张贤庆衔名》《归义军节度马步都虞侯银青光禄大夫检校太子宾客兼监察御史上柱国张怀政邈真赞并序标题》。其中藏文文献自《乾宁三年丙辰岁正月归义军节度押衙某杂写》右侧空约三行处自左向右抄写，至《五台山赞》止，这一情况表明此件藏文文献是利用P.3288背面《乾宁三年丙辰岁正月归义军节度押衙某杂写》与《五台山赞》中间的空白处抄录的，因此其抄写年代应在乾宁三年左右，所以P.3288背面文献或属归义军时期的一件藏文写本。

此件藏文文献首尾完整，天头、地脚及字行之间时有残缺，大部分文字漫漶不清，存200余行，最后部分为三幅藏、汉文相结合的图式。《敦煌遗书总目索引新编》与《国外藏敦煌汉文文献中的非汉文文献》因对P.3288背面藏文文献抄写的起始方向不明，故此前关于图式在前、文字在后的介绍是错误的，应予纠正。此件藏文文献前后笔迹一致，所存内容主要包括沐浴洗头占、星占、人神占、宅图等四种占法，以上内容除沐浴洗头占在P.T.127中有部分记载外，其他三种占法均未见于先前所知的敦煌藏文占卜文献，因此P.3288背面藏文书写是一通未曾被学界释读和了解的敦煌藏经洞出土古藏文社会历史文献，具有极其重要的学术价值，值得充分重视和深入探究。本章重点对P.3288背面藏文文献所存第一种占法——沐浴洗头占进行研究。

二、《沐浴洗头择吉日法》内容结构与文例特点

沐浴洗头占抄写于P.3288V藏文文献第1至36行，起“rgyal po sha la

ru tses（西拉热泽王）”，讫“dor du myi ngo（不可取）”，主要由序言与卜辞两部分构成。前三行文字为序言，其汉译文为“西拉热泽王□至尊吉祥殊胜□清洁身体和头发的时日宜忌，□依此可使财富不至耗尽”，该序言虽残缺不全，但仍能够展明此件是一篇以沐浴洗头时日择吉为主旨的术数文献，而卷中记载的“西拉热泽王”目前暂不可考。参照与此件性质相同的俄藏敦煌汉文文献Дx.01064、Дx.01699、Дx.017700、Дx.01701、Дx.01702、Дx.01703、Дx.01704《推皇太子洗头择吉日法》（详见后文），本文将此件藏文书写拟名为《沐浴洗头择吉日法》。序言之后的占文以十二个月为纲，逐次言说各月三十日中沐浴或洗头的吉日、凶日及其影响，共存有十二组卜辞，其吉凶宜忌涉及容貌、健康、寿命、家庭财富、人身安全、夫妻关系、官职升迁等日常生活的各个方面。

敦煌藏文文献中保存的沐浴洗头占，除P.3288V外，此前被学界释读出的仅有法藏敦煌藏文写卷P.T.127背面《时日宜忌》。[1]此件《时日宜忌》抄写于P.T.127V背面第29至77行，主要按照十二个月顺序依次记述每月裁衣、婚姻、沐浴、洗头、攻敌、祭祀、超度、搬迁等各类事项的吉日选择。就沐浴洗头事项而言，P.3288V《沐浴洗头择吉日法》与P.T.127V《时日宜忌》不仅性质相同，而且文例也基本一致，以正月为例，P.3288V《沐浴洗头择吉日法》作“一月八日和□沐浴，最吉祥，兴盛□七日□可行。一日和□沐浴则财富”，P.T.127V《时日宜忌》作“春季正月……沐浴、洗头，初一、初二为宜，能长寿、富

① P.T.127背面《时日宜忌》最早由陈践教授释读介绍，其功甚巨。参见郑炳林、黄维忠主编《敦煌吐蕃文献选辑·文化卷》，北京：民族出版社，2011年，第161—164页。

裕”。但同时，P.3288V《沐浴洗头择吉日法》与P.T.127V《时日宜忌》的区别也甚是明显，主要体现在如下几方面：

一是行文结构不同。沐浴洗头占仅是P.T.127V《时日宜忌》的书写事项之一，故多与裁衣、婚姻、攻敌、祭祀、超度等时日选择汇编在一起。P.T.127V《时日宜忌》内容书写与敦煌汉文写卷P.2661V中的《诸杂略得要抄子》更为相近，但比后者更有条理，所以P.T.127V《时日宜忌》很可能编译自某部汉文历书，是将历书中的各月吉凶选择重新进行整理汇编的作品。[①]与之相比，P.3288V《沐浴洗头择吉日法》则通篇以沐浴洗头占为主要记述对象，不涉及其他事项，其专门性较强。

二是卜辞内容不同。P.3288V《沐浴洗头择吉日法》、P.T.127V《时日宜忌》虽都存有十二组卜辞，但各组卜辞内容并不完全一致，尤其同一月份中择吉选择的日期彼此差异较大（详见表1）。

三是表述篇幅不同。P.T.127V《时日宜忌》有关沐浴洗头占的书写多为短句，主要以一月之中哪些时间为吉日和相关征兆为表述主体；P.3288V《沐浴洗头择吉日法》各组卜辞的篇幅则较长，不仅记述沐浴洗头的吉日与征兆，而且还包括相应的凶日及征兆。

以上差异表明，P.3288V《沐浴洗头择吉日法》与P.T.127V《时日宜忌》虽性质相同，但应源自不同的底本，如果说P.T.127V《时日宜忌》编译自汉文历书的话，那么P.3288V《沐浴洗头择吉日法》则应是以某部专门的沐浴洗头占书为蓝本编写而成。

---

① 郑炳林、陈于柱：《敦煌占卜文献叙录》，兰州：兰州大学出版社，2014年，第295页。

三、《沐浴洗头择吉日法》的文本来源与文献学价值

关于敦煌藏文本《沐浴洗头择吉日法》的文本来源问题，此前学界尚未解决。《旧唐书·吐蕃传》曾记载吐蕃社会风俗是“寝处污秽，绝不栉沐”，该描述或虽有夸张之嫌，但吐蕃民族的洗浴活动确实受青藏高原寒冷气候及自然环境影响较大。高寒地区一般冬长夏短，冬春寒冷，无法下水，夏季山洪暴发、河水浑浊，所以一般只有夏末秋初之际才是高寒地区居民沐浴的最佳时节。①而P.3288V《沐浴洗头择吉日法》对一年十二个月的沐浴洗头活动均有关注和记述，明显不符合高海拔地带居民的生活习惯，因此该件藏文文献源自吐蕃本土的可能性不大。

在古代汉文化中，择日之书自汉以降蔚为大宗，其传统直至清代从未断绝。目前所知，有关沐浴择吉的专门书籍最早出现于东汉，王冲《论衡·讥日篇》曾引当时流行的《沐书》：“沐书曰：子日沐，令人爱之；卯日沐，令人白头。”②据其佚文，东汉《沐书》的文例结构主要是以十二地支日为纲，言说各日沐浴吉凶。《隋书·经籍志》记载有《沐浴书》一卷，其性质概与东汉的《沐书》相同。此后两《唐志》及其他史志目录中虽再未记载沐浴占书，但在吐鲁番与敦煌出土材料中保存了多件汉文本沐浴占文献。

德国藏吐鲁番文书Ch3821，正面系《佛说灌顶七万二千神王护比丘咒经》，背面文字如下：

---

① 黄福开：《论藏药浴的学术内涵及其发展》，《中国藏学》2002年第2期，第29页。

② 黄晖：《论衡校释》，北京：中华书局，1990年，第993页。

剃头良宿吉日法：女宿〔日〕剃头，无病，大吉。虚宿日剃头，无疮，大吉。娄宿日剃头，聪明长命，吉。觜宿日剃头，润泽易长，大吉。角宿日剃头，宜道行，吉。鬼宿日剃头，聪明强记。□□□剃头，安乐无病，吉。□□□剃头，相富贵、得宝，吉。□□□剃头，身安、自在，吉。▭□日六日▭日▭法▭头，令人长命。▭至老不入狱。▭头，令人至老不被事。▭日十二日洗头，令人高迁，大吉。▭日廿六日洗头，令人眼明。▭月二日十二日洗头，令人长命富贵。▭洗头，令人□□□（后缺）

此件存有两则篇题，一则是“剃头良宿吉日法”，另一则虽篇题名称残缺，残存一“法”字，但从占文内容来看，应是洗头占，且文例特点与敦煌藏文本P.3288V《沐浴洗头择吉日法》相近，均是以十二月为纲、以事为目，按日叙述吉凶。《吐鲁番文书总目（欧美收藏卷）》认为此件文献约为7世纪中至8世纪末作品。

敦煌资料中保存的汉文本沐浴洗头占主要有S.P.6、P.2661V与Дx.01064、Дx.01699、Дx.017700、Дx.01701、Дx.01702、Дx.01703、Дx.01704等三件文书。其中S.P6《乾符四年（877年）具注历日》设有专门的“洗头日”事项（见图1）：

洗头日：三日、八日，富贵。九日，加官。十日招□。十一、十二日，目明。十五、廿日，大吉。廿四日，招财。廿六日，有酒食。已上日，吉。余日，凶。

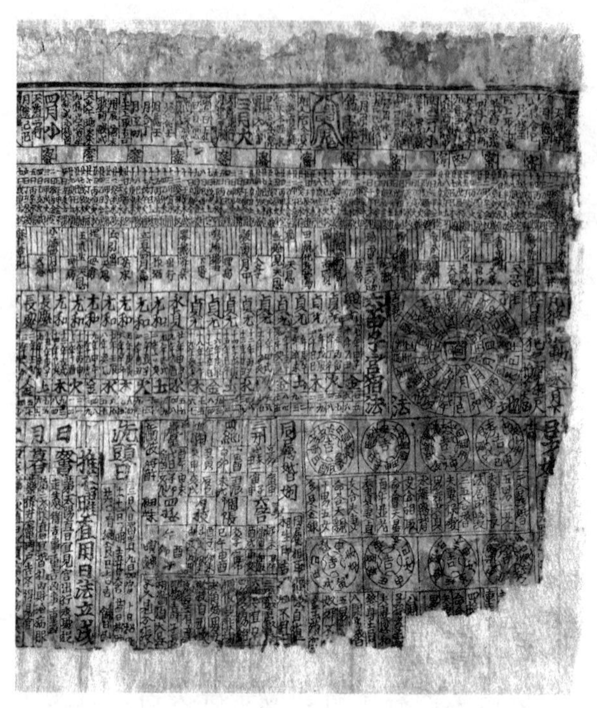

图1 S.P6《乾符四年（877年）具注历日》，图片取自IDP

清《协纪辨方书》“用事篇”亦记载相近内容：“洗头日：每月宜用三日、四日、八日、九日、十日、十一日、十三日、十四日、十五日、二十二日、二十三日、二十六日、二十七日及申、酉、亥、子日。不宜伏社、建、平、收日。”①《乾符四年（877年）具注历日》与《协纪辨方书》之“洗头日”是将各日洗头的吉凶选择固定在了一月之中，其占法明显与藏文本P.3288V《沐浴洗头择吉日法》不同。

P.2661V《诸杂略得要抄子》所存内容较杂，其中保存了部分沐浴洗头占法：

> 凡洗头沐浴，子、丑、未、酉、亥，吉。……常以八月一日取东流水洗浴，去齐中垢，令人□□不老，冬不寒，夏不热，大验。正月八日、二月□□、四月四日、五月一日、六月六日、七月一

① 李零主编：《中国方术概观·选择卷》，北京：人民中国出版社，1993年，第874页。

日、八月廿五日、九月十二日、十月廿八日、十一月四日、十二月廿日，常以上件日用桑□灰洗□面，若能一周除万病，若能终身，聪明延年。

此书写分为两部分，第一部分是关于十二地支日中的洗头沐浴选择，文例似与王充《论衡·讥日篇》所引《沐书》相同；第二部分是关于十二月中哪些日子宜用“桑□灰洗□面”问题。总体来看，P.2661V所存洗头沐浴占法与藏文本《沐浴洗头择吉日法》亦不相同。

俄藏敦煌文献Дx.01064、01699、017700、01701、01702、01703、01704由多张残片组成，其中第四至第八纸首全尾缺，首题“推皇太子洗头择吉日法”，占文如下：

不遇（?）孝顺□凡每□□□日洗□廿日　　已上日吉。□别日及阴□□洗□□之。

又法：子日洗头，令人有好事及得财吉。丑日洗头，令人富贵，宜六畜。寅日洗 头，令人死，不上堂，凶。卯日洗头，令人发白更黑，大吉。辰日洗头，令人起事，数数被襦。巳日洗头，令人□远行无忧。午日洗头，令人破伤、生疮，凶。未日洗头，令人发美，长好，吉。申日洗头，令人见鬼，凶。酉日洗头，令人得酒食。戌日洗头，令人□□。亥日洗头□日□□□□□日平（?）□六月七日，七月七日，八月一日□九日、廿日，十月十一日，十一月十四日□□十二月□并大吉利，余日即凶恶。

又法：正月五日洗头，至老不入狱。二月八日洗头，至老不入狱。三月廿六日、廿一日洗头，令人高迁。四月十二日洗头，令人□廿日洗头，令人眼明。六月八日洗头，令人富贵长命。七月七日、廿一日洗头，令人不死□。八月廿一日洗头，令人大吉，贵。九月九日、十九日洗头，人颜色好。十月四日、十一日洗头，令□贵□洗头□洗头□贵（下缺）

以上书写至少包括了三种占法，即固定每月中的某些日子洗头吉、十二地支日洗头吉或凶、十二月中哪些日子洗头吉利，可以说俄藏敦煌文献《推皇太子洗头择吉日法》至少较完整地汇聚了洗头占的三种文例，当系古代洗头占书集大成者。此件中第三种以月为纲、言说相应日期洗头吉凶事宜的文例，与敦煌藏文本P.3288V《沐浴洗头择吉日法》以及吐鲁番写本Ch3821极为相近。

鉴于目前在敦煌地区之外，学界尚未发现有关吐蕃社会沐浴洗头占的相关文献，因此，P.3288V《沐浴洗头择吉日法》与敦煌汉文文献《推皇太子洗头择吉日法》、吐鲁番汉文写本Ch3821在占法文例和书写内容等方面的一致性，应能够表明，敦煌藏文本《沐浴洗头择吉日法》当系依据与《推皇太子洗头择吉日法》近似的某一部或多部汉文本沐浴洗头占书为底本，编撰而成。

虽然东汉《沐书》、《隋书·经籍志》以及清《协纪辨方书·洗头日》均记录有沐浴洗头占，但关于唐宋时期沐浴洗头占书的具体情况学界并不明晰，因此，包括P.3288V《沐浴洗头择吉日法》在内的敦煌吐鲁番文献所存6件汉、藏文沐浴洗头占写本，为学界认识和研究中古时代的沐浴占书提供了丰富的文献样本。这一时代的沐浴占几乎同时在四个方面发展：一是与具注历高度融合，成为历书的内容之一，S.P.6《乾符四年

（877年）具注历日》是其代表；二是与剃头、裁衣等时日禁忌相杂糅，其中以Ch3821、P.2661V《诸杂略得要抄子》为代表；三是继续以专书的形式出现，但涉及事项愈趋广泛，以Дх.01064、Дх.01699、Дх.017700、Дх.01701、Дх.01702、Дх.01703、Дх.01704《推皇太子洗头择吉日法》为代表；四是至少具有汉、藏两种语言形式，以古藏文为代表的少数民族语言沐浴占文本开始形成，P.3288V《沐浴洗头择吉日法》、P.T.127V《时日宜忌》即这方面的典型，这是学界以往极少注意的历史文化现象，深刻反映了唐宋之际以敦煌为代表的西北区域社会中汉、藏族群在日常生活领域的紧密文化联系。

同时，P.3288V《沐浴洗头择吉日法》作为首次发现的古藏文沐浴占专书，对其进行释读与整理，有助于扩展学界对吐蕃民族文献典籍的进一步认识。需加注意的是，现代安多地区使用的历书中是存有沐浴时日择吉专门事项的，如青海热贡隆务大寺印制的《公元2017年日历》（见图2）即规定了十二月中各月哪些日子宜洗澡，以正月为例："一月大，星期三，二九第五天，辛卯，藏历火猴年十一月初六，农历丙申年十二月初九。今日逢甘露之会，宜授延寿，配药，洗澡，嫁娶，生意等兴业诸事"，但在四川省凉山彝族自治州尔苏藏族聚居区发现的七件藏文古日历中，却对沐浴洗头事项鲜有记录和描述。[①]从这一反差来看，敦煌藏文本P.3288V《沐浴洗头择吉日法》与P.T.127V《时日宜忌》无疑是目前所知安多地区藏族民众洗浴等保健活动日常化的最早历史记录。

① 徐丽华：《藏族古日历和祭祀图谱研究》，北京：民族出版社，2016年，第8—238页。

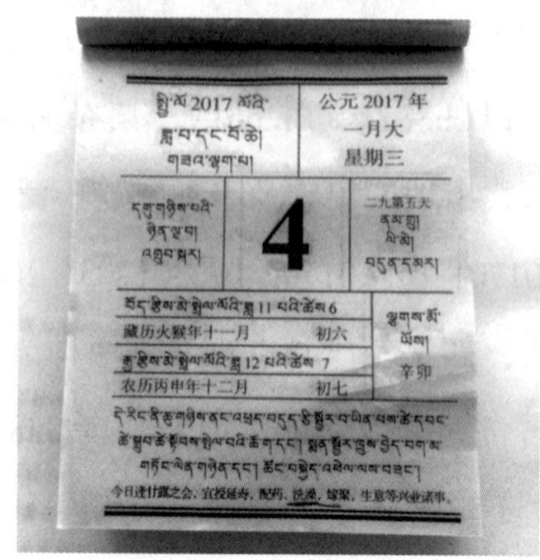

图2　青海热贡隆务大寺《公元2017年日历》，笔者摄

四、《沐浴洗头择吉日法》与唐宋之际敦煌吐蕃移民日常生活研究

自吐蕃管辖时期至晚唐五代宋的归义军时期，一直有大量的吐蕃移民在敦煌地区生产生活，[①]尤其到曹氏归义军时期，敦煌地区一度形成了“瓜沙与吐蕃杂居”的历史格局，可以说吐蕃移民问题对吐蕃统治敦煌历史、归义军历史甚至唐宋西北社会历史进程均产生了重要影响。但无论是正史资料，还是敦煌汉文文献，对唐宋之际敦煌吐蕃移民日常生活的记录都极为鲜见，以致关于该时期敦煌吐蕃移民的卫生保健等生活场景以及形成过程与历史影响，目前学界尚未了解和有专文探讨，敦煌藏文本P.3288V《沐浴洗头择吉日法》的发现为这一问题的解决提供了难得线索和特殊视角。

吐蕃社会本是“绝不栉沐”。作为“百姓日用而不知”的实用书籍，

---

① 郑炳林:《晚唐五代敦煌地区的吐蕃居民初探》,《中国藏学》2005年第2期,第40—45页;陈于柱:《敦煌文书P.T.127〈人姓归属五音经〉与归义军敦煌吐蕃移民社会研究》,《民族研究》2011年第5期,第76—84页。

P.3288V《沐浴洗头择吉日法》以及P.T.127V《时日宜忌》有关沐浴择吉的丰富书写，无疑是唐宋敦煌吐蕃移民沐浴洗头等活动常态化的明证，反映了其生活习俗逐渐从“绝不栉沐”过渡到“沐浴择吉”的历史变迁。

《册府元龟》卷九六一《外臣部土风三》记载吐蕃本土的气候特征是“雷雨风雹霰雪，每隔日有之，夏节气如中土暮春之月，山有积雪”。青藏高原高寒气候塑造了吐蕃人特有的体质，林冠群先生研究指出“居住于平均海拔四千米以上之青藏高原的吐蕃人，其体质特征为：皮肤厚且致密，毛孔并甚稀少，皮下脂肪发达，是以能耐寒耐燥，而不宜于炎热潺湿地方居住”[①]。相对青藏高原而言，敦煌地处内陆，四周受戈壁沙漠包围，与江南盆地、吐鲁番及哈密均属南温带干旱区，气候特点是太阳辐射强，光照充足，热量丰富，无霜期短，降水少，蒸发强烈。[②]由于敦煌河西气候干燥而不潮湿，亦无南方湿热地区的瘴气之害，[③]故河西走廊成为历史时期吐蕃政权扩张发展的重心地区之一，移居该地区的吐蕃人亦能够在此长期生活下来，但如何适应敦煌河西相对炎热的气温，以及能否抵抗低海拔地区传染病的潜在威胁，[④]仍是具有惧怕炎热体质特征的高海拔地带民众移居敦煌后所必须面对和解决的现实问题。吐蕃人很早就认识到洗浴是抗热去疾、增强抵抗力的有效方法，且具有操作简单、适用范围广的便民性。成书于公元8世纪末的著名藏医学著作《四部医典》第十三章《日常的起居行为》即明确记载：“经常洗

① 林冠群：《唐代吐蕃历史与文化论集》，北京：中国藏学出版社，2007年，第191页。

② 敦煌市志编纂委员会编：《敦煌市志》，北京：新华出版社，1994年，第82页。

③ 英藏敦煌文献S.2593《沙州图经卷第一》记载：“沙州，下。属凉州都督府管。无瘴。”录文参见郑炳林《敦煌地理文书汇辑校注》，兰州：甘肃教育出版社，1989年，第1页。

④ 其典型事件是天复二年（902年）四月敦煌发生过的数起疫病，S.1604《天复二年四月廿八日沙州节度使帖都僧统等》载：“右奉处分，盖缘城隍或有数疾，不□五根，所以时起祸患。”

浴，能增长精液、增加身体的热量、容光焕发、消除身体发痒、多汗、有气味；制止消瘦、降低体温。”①《西藏志》也强调“七月十三日，其俗将凉棚房下于河沿，遍延亲友，不分男女，同浴于河，至八月初五始罢，云：七月浴之则去病疾”。因此，移居敦煌河西的吐蕃民众一改“绝不栉沐”的传统惯习，积极进行沐浴洗头等保健活动，也就成为敦煌吐蕃移民生活中的不二选择和日常行为。从这一角度来看，敦煌藏文本P.3288V《沐浴洗头择吉日法》与P.T.127V《时日宜忌》的文本形成过程，不仅是唐宋之际汉、藏族群紧密文化联系的体现，更是敦煌吐蕃移民从族群体质特征出发，为适应迁入地新的气候环境，主动重塑族群生活惯习与行为模式的过程。

敦煌吐蕃移民重塑生活惯习，编撰P.3288V《沐浴洗头择吉日法》、P.T.127V《时日宜忌》等实用书籍，也是在日常生活领域与敦煌汉人保持共同社会节律的需要。敦煌壁画与文献均能反映当地人们对卫生保健的重视。敦煌莫高窟壁画中存有大量描绘洗发、沐浴、刮脸、剃头与刷牙的画面。如莫高窟第146窟西壁即画有多人在束腰高低的圆盆中盥洗的情形（见图3），有的正解发洗头，有的在洗脸，有的裸露上身准备揩身；第159窟南壁描绘一僧人蹲在地上，左手持净瓶，右手食指伸入口内揩齿；第302窟西披壁画还绘有“洗澡图”等。

吐蕃占领敦煌之后，虽然在社会管理方式上进行了较大调整，对当地社会结构与日常生活产生了重大影响，但由于敦煌居民并未被大规模地迁出，故仍有相当多汉文化习俗被保存下来，如属于吐蕃时期的敦煌文献P.2583《唐大和三年己酉岁（829年）具注历日》，依旧明确

---

① 宇妥·元丹贡布等:《四部医典》,上海:上海科学技术出版社,1987年,第27页。

图3　敦煌莫高窟第146窟西壁，
图片取自《敦煌石窟全集·民俗画卷》

记录沐浴、起土、埋葬、除服、祭祀、裁衣、通渠等汉人传统生活的时日选择事项。[①]这些习俗在其后的归义军时期继续得到延续和发展，敦煌藏经洞出土S.1439V《唐大中十二年戊寅岁（858年）具注历日》、P.3492《唐光启四年戊申岁（888年）具注历日》、P.4996+P.3476《唐景福二年癸丑岁（893年）具注历日》、P.4627+P.4645+P.5548《唐乾宁二年乙卯岁（895年）具注历日》、P.3284《唐乾宁四年丁巳岁（897年）具注历日》、P.3247V《后唐同光四年丙戌岁（926年）具注历日一卷并序》等一批历书对此均有专门的设置与记录。可以说，包括沐浴洗头在内的生活择吉习俗已成为敦煌社会文化一种根深蒂固的形式，并深刻影响着敦煌汉人的行为模式。由于吐蕃移民进入敦煌之初就与当地居民杂居，尤其在吐蕃管辖期和归义军时期长达二百多年的居住、交际、通婚等日常生活中，双方有着强烈的互动需求，在此背景下，吐蕃移民摒弃“绝不栉沐”的传统惯习，编写使用P.3288V《沐浴洗头择吉日法》、P.T.127V《时日宜忌》以保持与敦煌汉人共同的生活节律，也就成为该群体在日常生活领域融入敦煌社会，获取地方认同的必然抉择。

敦煌吐蕃移民从“绝不栉沐”到“沐浴择吉”，这类看似较为寻常

① 邓文宽:《敦煌天文历法文献辑校》,南京:江苏古籍出版社,1996年,第135、136页。

甚至有些细微的习俗变化，却对吐蕃史、敦煌区域社会史、唐宋西北民族史均产生了重要影响。

公元9世纪中叶，吐蕃赞普朗达玛（gLang dar ma）被刺杀，内庭崩溃，河陇地区的洛门川讨击使论恐热与鄯州节度使尚婢婢争战不休，吐蕃在河西、西域等占领区的统治秩序迅速崩溃。学界业已指出，吐蕃统治结束、进入归义军时期后，尚有大量吐蕃人及其后裔生活在敦煌河西等地区，并从政治环境、生产方式的改变等方面对这一现象进行过解释，但鲜有从日常生活惯习的角度来观察此问题。自吐蕃政权占领河陇地区以来，大批移居到该地区的吐蕃人，不仅其经济生产形态发生了重大转变，普遍由原来的游牧生活向农耕生产、定居生活过渡，[①]而且日常生活习俗也发生了诸多重大变化，从“绝不栉沐”到“沐浴择吉”就是这方面的典型案例之一。可以说到归义军时期，有相当一批吐蕃移民已完全适应了汉人生活惯习与节律，很难再回归到早先“绝不栉沐”的生活环境之中，一如敦煌文献P.3257所载久居南山的索进君很难再适应敦煌的耕佃生活一样。所以，日常生活习俗与节律的汉化，同样是吐蕃统治结束后仍有大量吐蕃移民留居敦煌河西的重要历史原因之一，学界过往忽视生活习俗因素对吐蕃移民历史走向的影响无疑是有缺陷的。本文可以补缺求全于万一。

同时，敦煌吐蕃移民生活习俗的变迁，进一步强化了该地区汉、藏族群在卫生保健等生活场域中的认同。中国古代选择通书与历日具有相同的术数文化基础，常体现着“稽定历数”或“敬授人时”的作用，其核心是将日常生活的各类事项与四时、节气、物候相统一，并力求

① 本书释录的P.3288背面藏文书写的第四部分——宅图，即是敦煌吐蕃移民定居生活的明证。

与天道、自然和时令相一致。[①]古代中原王朝往往通过制定、修订、颁赐选择通书与历日的形式，将“奉天承运”的统治权力象征性地予以展示，以规范时空秩序的礼仪文化形式确立统治举国天下与番邦四夷的合法性。[②]晚唐五代宋初敦煌当地历书，亦是归义军政权规范地区时空秩序、展示统治力的重要象征形式。包括沐浴洗头择吉在内的敦煌藏文本P.T.127V《时日宜忌》是一件归义军时期根据汉文本历书改编而成的藏文历书，它的发现不仅意味着吐蕃移民基本认同归义军政权规定的时间秩序与生活节奏，而且意味着吐蕃移民亦将日常活动纳入这种时空序列之中，并在共同的时空秩序中开展与敦煌汉人的交流往来。P.2762《敕河西节度兵部尚书张公德政之碑》载“河西创复，犹杂蕃浑，言音不同，羌龙嗢末，雷威慑服，训以华风，咸皆驯良，轨俗一变”。[③]现在看来，“训以华风”不仅包括吐蕃移民接受归义军政权的行政管理，而且还应包括对归义军政权规定的时空秩序与社会节律的认同，从“绝不栉沐”到“沐浴择吉”，应是敦煌吐蕃移民“轨俗一变”的表现之一。此外，如果说归义军维护政权稳定、吐蕃移民获取地方认同以及汉族社群缓解性别比例失衡等构成了敦煌地区藏、汉族际通婚在曹氏归义军时期实现合法化的重要历史动因的话，那么敦煌吐蕃移民在沐浴洗头等方面生活习俗的改变，在某种程度上则为归义军时期敦煌汉、藏族际通婚的常态化奠定了不可或缺的生活基础。

---

① 赵贞：《中古历日社会文化意义探析——以敦煌所出历日为中心》，《史林》2016年第3期，第68页。

② 韦兵：《竞争与认同：从历日颁赐、历日之争看宋与周边民族政权的关系》，《民族研究》2008年第5期，第74—82页。

③ 荣新江：《归义军史研究——唐宋时代敦煌历史考索》，上海：上海古籍出版社，1996年，第403页。

表1　P.3288V、P.T.127V卜辞比较表

时间	P.3288V《沐浴洗头择吉日法》汉译释文	P.T.127V《时日宜忌》汉译释文
一月	一月八日和▭沐浴，最吉祥，兴盛▭七日▭可行。一日和▭沐浴则财富(后缺)	春季正月……沐浴、洗头，初一、初二为宜，能长寿、富裕。
二月	二月□日▭洗头▭致使头发脱落。□日▭清洗体▭十日(后缺)	春季二月……若洗头，于初一、初八洗则眼明、发黑。若于初五、初八黄昏沐浴则进财，佳。
三月	三月□日▭幸福、快乐▭沐浴身体▭有伤害、致残▭沐浴得财(后缺)	春季三月……于初六洗头，到老病少。初七沐浴少体壮。
四月	四月四日和十二日▭夫妻敬爱▭不可沐浴，▭日▭能得升迁▭吉祥、幸福。▭八日沐浴▭不宜。	夏季一月……若于初七洗头，能致富，吉。
五月	五月□日▭长寿、幸福。▭一日的□时▭不可行▭沐浴。八、二十日可行▭沐浴则财富(后缺)	夏季二月……初一洗头、沐浴，吉祥如意。
六月	六月六日和▭日洗头长寿。六日的□时▭洗涤则财物不会▭升迁▭一日▭沐浴(后缺)	夏季三月……初一、初七洗头，晦气。若沐浴，以初七、初八、二十日为宜。
七月	七月七日和□日▭不可行。二十五日▭不▭沐浴▭升迁，罪孽▭十七日▭不可行。	秋季一月……若于二十一洗头，到老发不白，吉。若沐浴，于十一日和二十日为佳且长寿。
八月	八月二十□日▭洗头可长寿并富裕。▭二十一日的□时不▭十日沐浴得财(后缺)	秋季二月……若洗头，以初八为佳，能长寿。沐浴以初七、十一日、二十八日之夜幕时为上，吉。
九月	九月□日▭夫妇相益▭可行。▭日▭沐浴▭二十日沐浴(后缺)	秋季三月……若洗头，以二十日为佳。若沐浴，以二十八旭日升时为佳。
十月	十月▭沐浴。六日的▭日▭财产(后缺)	冬季一月……若洗头，以初八为佳，能长寿。若沐浴以初七和十一日、二十八日之夜幕降临是为上，吉。
十一月	十一月二十九日洗头▭日▭二十日洗涤财产(后缺)	冬季二月……若于十八日洗发能致富。若于初八、初九沐浴为佳。
十二月	十二月七日和二十日▭十二日的▭吉祥、幸福。▭二日的□时▭不可取。	冬季三月……若于初三、初八、初九洗头、沐浴，获财并得告身。

第六章　敦煌藏文本《宿曜占法抄》题解与释录

法国国家图书馆藏敦煌写本P.3288背面藏文书写存200余行，相继抄写沐浴洗头占、星占、人神占、宅经等四种占法。其中第二种占法所存内容，虽因大部分文字漫漶而难以辨识，但却是篇幅最长的一部分。刘英华先生对该部分书写涉及的部分星宿名称进行了文字释读，明确了此部分藏文书写的星占性质，[①]为此件文献的进一步整理和研究进行了开拓性探讨。不过，关于此件星占文献的内容构成、历史来源、文献定名与文字整理等诸多问题，尚未得到有效解决。

P.3288V（2）首尾文字均漫漶不清，起“（前缺）日曜、月曜、火曜”(汉译)，讫“彗星名为计都，星宿的文（后缺）”（汉译）。就目前所能释读的内容来看，P.3288V（2）虽然提及了九曜（日曜、月曜、土曜、金曜、木曜、水曜、火曜、罗睺、计都），但主体书写仍是围绕七曜、二十八星宿的值日情况来进行各种事项的占卜。刘英华先生判断P.3288V（2）的星占书写并非印度星占文书的译本，而是在当时汉地和西域星占文书基础上编译的。（笔者按：此件敦煌藏文星占文献实是依

① 刘英华:《敦煌本P.3288 3555A V° 藏文星占文书研究之一 ——九曜和二十八宿名表释读》,《西藏民族大学学报》(哲学社会科学版)2017年第5期,第48—55页。

据唐代汉译佛经《文殊师利菩萨及诸仙所说吉凶时日善恶宿曜经》编译而成。)

《文殊师利菩萨及诸仙所说吉凶时日善恶宿曜经》简称《宿曜经》，是一部唐时入华、经过部分汉化处理的印度佛经，于759年由密宗高僧不空译，764年由其弟子杨景风注。《宿曜经》分上下两卷，主要包括"宿曜历经序分定宿直品第一""宿曜历经序日宿直所生品第二""宿曜文殊历序三九秘宿品第三""宿曜历经序七曜直日品第四""宿曜历经秘密杂占品第五""宿曜历经序黑白月分品第六""宿曜历经序日名善恶品第七""宿曜历经七曜直日历品第八"。卷上与卷下在内容上重复较多，主要因卷下乃是杨景风或不空其他子弟对《宿曜经》卷上的注解所致。[①]P.3288V（2）所存内容相当于《宿曜经·宿曜历经七曜直日历品第八》中的七曜占、二十七宿所为吉凶历、七曜直日与二十七宿合吉凶日历、行动禁闭法等部分，但P.3288V（2）以上内容的编排顺序与《宿曜经》不同，同时也出现了《宿曜经》所未载的"罗睺""计都"等九曜的名称。

总体来看，敦煌藏文本P.3288V（2）内容书写是以《宿曜经》为基础进行重新编排、翻译的产物，笔者据此认为此件写本定名为"宿曜占法抄"似较妥。考虑到《宿曜经》成书于8世纪后期，所以P.3288V（2）《宿曜占法抄》的编创时间应晚于《宿曜经》。敦煌藏经洞出土藏文本星占文献数量并不算多，法藏敦煌藏文文献P.3288V（2）《宿曜占法抄》的揭出，有助于保存并丰富吐蕃的天文历史资料，可以成为探

---

① 李辉:《〈宿曜经〉汉译版本之汉化痕迹考证》,《上海交通大学学报》(哲学社会科学版)2007年第4期,第45—52页。

究汉译佛经向吐蕃社会传播的新线索。为便于学界利用此件藏文材料，现将此件的汉译释文整理如下。

附录：敦煌藏文本P.3288V（2）《宿曜占法抄》汉译释文

〔金曜、土曜〕。

……………………………东方。…………

……………………………………张宿，翼宿，不相合。

……………………………………箕宿，斗宿，不相合。

……………………………………………………………

……………………………………………………………

………………………………………………………………。

……………………………………。星宿的两胁……………

………………………………………内外逐渐的变化。

……………………………………各宿曜上值于神，下值司人。

………………………………………有大损耗。……

………………………………………不宜……

…………………………………烤火、取暖和动兵器诸事。……

……………………………………。和药。

……………………………………。

………………………………………。欢喜，愉悦。

……………………………………………………

……………………………………

……………………………超度、丧仪……………………

……………………………………………………………

……………………………诸事，欢喜，愉悦。

……………………………诵咒诸事，长久。

……………………………。星宿的习俗规范。

……………………………和药……。

……………………………………………………………

………………………………………………………

………………………………………………………

………………………………………………………

………………………………………………………

……………………………………………………………

……………………………………………………………

…………………………………………………………

…………………………………………………………

……………………………………………………………

……………………………………………………………

……………………………………………………………

……打仗，杀伐诸事。……………………，诉讼，……药…………

……………，入道，问学技艺…………………………………凶兆。

………………不……………………………………。水曜日，

……诵咒诸事……………………………诸事和学武习技艺诸事……

………………………学习………………………忏悔、赎罪诸事。

朝拜、会晤、和解诸事……………………………。星宿习俗规范。

……………………………。……………药………

……………诸事……………………………集会诸事。

……………………………………………………………

……………………………………………………………

……………………………………………………………

……………………………………………………

……………………………调服乘骑象马。……

……………………………星宿习俗规范。

木曜值日行善事吉。…………　星宿……………………

………………………………………………………………

拜师学技艺……………………………买卖贸易诸事……

宴请诸事和……………………诸事和……………………星宿习俗规范

金曜〔值日〕……………………………诸事，出行………

任重、难行诸事。……………诸事及进行竞技、比赛…………

…………………。…………………土曜〔值日〕………………

……………结伴一起…………………等诸事…………………

…………………诸事。…………积累…………适合……作……

饮酒诸事………最吉祥殊胜。星宿习俗规范。

行超度、丧事…………………………不吉。…………………………………………吉。　　　恶兆……………………………。

二十八星宿的……………。作…………………不……………………

毕宿和翼宿和斗宿和壁宿，此为四善宿〔安重宿〕……………

此等宿值日，适宜房舍和………………修造林园

树木及柴草………………等等诸种……………………及贮纳仓库……

……………诸事。纳财及…………………………沐浴诸事。蓄牲畜及……

………………册立君王及………………………………

着手……开始…………………………。祭祀、供奉诸事。

出家人及修行者…………………增益怀业、灌顶护摩诸事。

其他兴盛长久、殊胜吉祥诸事务为之皆吉。

积财等等…………………着手…………………诸事……

………………诸事吉。觜宿、角宿、房宿、

〔奎宿〕，此四宿为和善宿。此等宿值日，适宜入道问学技艺……

………………………………………布施财物诸事………

……………………诵咒诸事……………………诸事。布施……

诸事。庇佑………念诵…………献礼、供施……怀孕诸吉祥喜庆事……

…………………………可行………。………诸事。诵咒驱禳。

聘礼、求亲，联姻诸事。偿付债务。

供奉、尊崇上师。………………诸事。颂扬诸欢喜事。

……………………………收债，取利。

……………………学习织造技艺……………路……………驱秽祈寿仪轨。

增益之业。…………………具备…………………具备…等等利乐、

吉祥、昌盛诸业……………………事。出行起程和疗眼疾

………………………诸事………………………等等诸种事务

为之皆吉。…………………………………………………

…………心宿、尾宿…………………罗陷、欺罔……………

……………寻衅作乱……………欺诳诓骗之事，谋夺……

…………………………………………………………诸事……

……偷窃盗劫之事。……………………投注博戏，争斗。

造战具武器之事………战斗……，凶猛之事。进路往使、送信。

……赎命，判决…………………………………………凶险、……

极其猛毒诸事……………………………………………………

…………………………………………………诸事……………吉。

〔鬼宿、轸宿、〕牛宿、娄宿此四宿为急速宿。此等宿值日，

买卖贸易。…………………………………………………调服牦牛………

……………………行途进路往使……

………………供养、祀奉………………………诵咒………

……………………………………………………竖幢、建旌障镇服之事。

……………………………………药炙、用药预防之事。

……………………………………之事吉。

星宿、胃宿、箕宿、室宿、张宿为猛恶宿。

此等宿值日……………………………之事。下注赌博，掷骰……

……………………委派、任用，往使、送信之事………

……………………………争讼，决绝………

……………………………………………………………………

……………………………………………摘折……………

……………………………事。欢喜…………………………

……………………………………………………………

…………………………………………。特别地………

…………………………………………………

星宿………………………………………井宿、女宿、危宿、亢宿、虚宿……。此等宿值日〔适宜〕……………………训练、调服，乘骑〔牲畜〕……

泅渡、浮…………之事。……………进行………。调服家畜…………

………………训练。………………快速之事。买卖兴贩之事。

…………诸事。……………………………………………

为之吉。…………………………………………

昂宿、氐宿，特别地…………………………火作、煎煮………

为之吉。月份……………………二十八之间…………………

十五日……日……………………吉宿日的…………………

……………不吉……………………。日期不相合………

………夜半…………………………下午时……

时间变化……………………………………不吉。……进入子夜。

日曜在中央，月曜……角，火曜在南方，水曜在北方，

木曜在东北角，土曜在西方，罗睺在西南方。

………………………。……………………三次一轮回结束。

…………………………………………星宿…………

…………………………………………。曜日与星宿……

联合……………………星宿…………………………相联。星宿的……

…………………………………………………………………

七曜与星宿相合并吉祥者为成日。

〔宿曜〕不吉者又分为魔日不吉，………………不如意日不吉，

不相合日不吉。……………………………………星宿…………

……………………………………………

……………………………………………的日子………………………

…………星宿…………………相合则为成日…………

〔宿曜〕相合的吉日。日曜值日，吉日为：尾宿日、翼宿日、斗宿日、壁宿日。

月曜值日，吉日为：牛宿日、毕宿日。火曜值日，吉日为：室宿日、奎宿日。

水曜值日，吉日为：昴宿日、虚宿日。木曜值日，吉日为：井宿日、鬼宿日。

金曜值日，吉日为：张宿日…………………………。土曜值日，吉日为：……………

七曜与星宿日不相合…………………按伤害不同分不吉等级。

魔日一切皆大凶。

日曜值日，不相合的凶宿日为：星宿日不相合；

心宿日不如意；氐宿日…………………房宿日和胃宿日为魔日。

月曜值日，氐宿日不相合；……………………箕宿日为灭日；鬼宿日和斗宿日

为魔日。

火曜值日，不吉者，…………不相合；室宿日不如意；

虚宿日为灭日；危宿日和斗宿日为魔日。水曜值日，

不吉者，尾宿日不相合；胃宿日不如意；奎宿日为灭日；娄宿日

和……宿日为魔日。木曜值日，不吉者，虚宿日不相合；参宿日不如意；

毕宿日为灭日；……………为魔日。金曜值日，不吉者，

毕宿日不相合；星宿日不如意；鬼宿日为灭日；柳宿日和奎宿日为魔日。

土曜值日，不吉者，与箕宿日和斗宿日不相合；

参宿日不如意；翼宿日为灭日；轸宿日为魔日。

……………………不可…………之事。人出行禁忌。

日出之时宜向东方和北方出行。日落时宜向南方和西方出行。

曜日和星宿的方向相合的，北方和东方的相合，南方和西方的相合。

方向相合与不相合也视神的方位而定。

娄宿名阿湿傅喻若；胃宿名为波罗尼；昂宿名为迦叨里底迦；

嘴宿名为末迦始罗。

参宿名为阿冉扎；井宿名为〔富那波沙〕；鬼宿名为报沙；柳宿名为阿什利沙；星宿名为磨迦；

张宿名为前破求尼；翼宿名为后破求尼；轸宿名为河须多；角宿名为载〔恒罗〕；

氐宿名为……啥佉；房宿名为阿尼罗托；心宿名为誓瑟咤；尾宿名为摩罗；

箕宿名为前阿莎茶；斗宿名为后阿莎茶；女宿名为阿毗啫；牛宿名为始罗婆那；

危宿名为托尼瑟咤；虚宿名为舍多毗沙；室宿名为前波达罗波陀；

壁宿名为后波达罗波陀；奎宿名为离波底；日曜名为阿弥底耶；月曜名为苏上摩；

火曜名为盎哦罗迦；水曜名为部陀；木曜名为布哩哈呵婆跛底；金曜

名为戍羯罗；土曜名为赊乃以室折；罗睺名为蘘荷；彗星名为计都。

星宿的文……………

第七章　敦煌汉、藏文人神占写本比较研究
——以法藏敦煌藏文本P.3288V《逐日人神所在法》为中心

法国国家图书馆庋藏的敦煌写卷P.3288由多纸粘连而成，首尾均缺，正面抄汉文文献《玄像西秦五州占》《太史杂占历》等，[①]背面自右向左相继抄写《佛典摘抄》《佛曲》《乐住山》《五台山赞》、古藏文文字、《乾宁三年（896年）丙辰岁正月归义军节度押衙某杂写》《步军都知兵马使张贤庆衔名》《归义军节度马步都虞侯银青光禄大夫检校太子宾客兼监察御史上柱国张怀政邈真赞并序》，其中P.3288背面藏文文字第187至213行抄写与古代针灸禁忌相关的《逐日人神所在法》。萨仁高娃2010年发表《国外藏敦煌汉文文献中的非汉文文献》，对P.3288背面藏文文献进行了首次著录，但将此件文献定名为藏文咒语，[②]不确。2017年，刘英华先生初步分析了P.3288背面藏文的内容构成，正确指出

① 参见郑炳林、陈于柱《敦煌占卜文献叙录》，兰州：兰州大学出版社，2014年，第66页。

② 萨仁高娃：《国外藏敦煌汉文文献中的非汉文文献》，载国家图书馆古籍馆编《文津学志》第三辑，北京：国家图书馆出版社，2010年，第148页。

此件文献中存有人神书写。[①]不过，由于P.3288背面藏文文字多有漫漶，很大程度上增加了辨识文字的难度，所以关于其中人神禁忌的文字释读、文献定名、历史来源、学术价值等关键问题一直没有解决。尤其人神禁忌是古代针灸医学的重要内涵，故此件藏文文献的译释和公诸于世，不仅对进一步研究吐蕃医学的形成和发展有着积极的意义，而且对于唐宋汉、藏医学交流史以及整个中国医学史的研究也具有重要的参考价值。

一、文字译释

P.3288背面藏文原件的图版已于2002年由上海古籍出版社刊布，卷中有关人神禁忌的书写，藏文首题“逐日人神所在不宜行火灸及针灸禁忌”，起“一日在足大趾”，讫“三十日在脚踝和背及掌心，完”，存有三十组文字，较完整地规定了一月三十天中人神在人体的特定部位，并强调其所在部位忌用针灸。下面是藏文文本的汉文翻译，文字残缺之处均用“……”表示，并视具体情况适当延长或缩短，希望能为中医古籍研究者提供一件新的资料。

逐日人神所在不宜行火灸及针灸禁忌。一日在足大趾和……二日在足外踝。三日在股内。四日在腰和足。五日在口内。六日在手的……和腹部。七日在内踝。八日在手腕。九日在尻。十日在脊背和腰。十一日在鼻柱。十二日在鬓角和发际。十三日在牙齿。十四

① 刘英华:《敦煌本P.3288 3555A V° 藏文星占文书研究之一——九曜和二十八宿名表释读》,《西藏民族大学学报》(哲学社会科学版)2017年第5期,第48—55页。

日在喉咙和手的……和胃脘。十五日在遍身，故此日不宜针灸及火灸。十六日在胸乳。十七日在气冲及牙齿及胁部。十八日在大腿、腹内及……。十九日在足……及掌心。二十日在足趺及外踝骨，膝下。二十一日在手小指及足的……。二十二日在胸腹及足外踝。二十三日在……及足。二十四日在手。二十五日在手中指及足的……及足掌心。二十六日在肩头上下。二十七日在膝。二十八日在男根、女阴。二十九日在大腿内外及膝盖。三十日在脚踝和背及掌心，完。

二、关于文献定名问题

以上译文中的“人神”是中国古代针灸禁忌中的一种，这一医学观念最早源于《内经》，是指特定时间里的气血在人体不同部位消长，在针灸过程中要规避相应时间和部位，以免破坏气血的消长及人体的平衡，否则会引发出血甚至死亡等严重医疗事故。①作为较早系统记录人神禁忌的专著，成书于汉晋间的《黄帝虾蟆经》阐述了人神禁忌是以月之圆缺对人体气血变化的影响为医理基础。魏晋以降，有关人神禁忌的记载愈发丰富，其传统直至清代从未断绝，尤其是唐代的《备急千金要方》《外台秘要》将当时散见诸处的人神禁忌相关文字汇集在一起，后世医书如《黄帝明堂灸经》等多沿用其内容，鲜有超出者。②严格来讲，作为针灸医疗禁忌的人神信仰并无科学依据，但长期为古代

① 张仁:《针灸意外事故的历史与现状》,《中西医结合学报》2004年第4期,第306—313页。

② 华澜(Alain Arrault)撰,李国强译:《9至10世纪敦煌历日中的选择术与医学活动》,载《敦煌吐鲁番研究》第九卷,北京:中华书局,2006年,第433页。

针灸者所信奉。

唐宋社会针灸活动中对人神的敬畏，通过敦煌文献亦可窥豹一斑。敦煌汉文文献所存人神禁忌的写卷既有医书，如P.2675《新集备急灸经》（甲本甲卷、乙本）、S.5737《灸经明堂》、P.3247《人神流注残卷》；[①]也有具注历日，如P.2765《唐大和八年甲寅岁（834年）具注历日》、P.4996+P.3476《唐景福二年癸丑岁（893年）具注历日》、P.3247V《后唐同光四年丙戌岁（926年）具注历日一卷并序》、S.95《后周显德二年丙辰岁（956年）具注历日并序》、S.3985+P.2705《宋端拱二年己丑岁（989年）具注历日》等；[②]还有术数书，如P.2675V《阴阳书》、S.930V《推人辰法》、S.6167《人神游日》、[③]罗振玉藏敦煌文献《推年人神所在法》[④]。医书、具注历日以及术数书对"人神"的广泛收录，充分表明人神禁忌成为唐宋时代医界与社会民众重要的实用性知识或常识性知识，并获得官方的认可。[⑤]

在上述文献中，根据人神禁忌时间周期对应人体特定部位的特点，古代中医针灸人神主要包括行年人神禁忌、十二部人神禁忌、四季人神禁忌、十干十二支人神禁忌、十二建除人神禁忌、逐日人神禁忌（日辰忌）、十二时人神禁忌等多种类别。敦煌藏文写本P.3288V中的人

① 参见马继兴等辑校《敦煌医药文献辑校》，南京：江苏古籍出版社，1998年，第513—534页。

② 参见邓文宽《敦煌天文历法文献辑校》，南京：江苏古籍出版社，1998年，第140—660页。

③ 参见黄正建《敦煌占卜文书与唐五代占卜研究》（增订版），北京：中国社会科学出版社，2014年，第155页。

④ 参见赵贞《敦煌占卜文书残卷零拾》，载《敦煌吐鲁番研究》第八卷，北京：中华书局，2005年，第210页。

⑤《唐六典》卷一四《太卜署》载："凡历注之用六：一曰大会，二曰小会，三曰杂会，四曰岁会，五曰建除，六曰人神。"[唐]李林甫等撰，陈仲夫点校：《唐六典》，北京：中华书局，2014年，第413页。

神书写属于逐日人神禁忌，该类别人神禁忌在古代文献中的名称并不固定，如敦煌历日S.612《宋太平兴国三年戊寅岁（978年）应天具注历日》题作“推逐日人神针灸法”，宋《黄帝明堂灸经》书作“人神所在不宜针灸”，清《协纪辨方书》称作“逐日人神所在”，日本医书《医心方》以“人神所在法”为题。参考以上题名，并结合P.3288V藏文人神禁忌首题“逐日人神所在不宜行火灸及针灸禁忌”，笔者认为敦煌写本P.3288V藏文针灸禁忌书写定名为“逐日人神所在法”较妥。

三、敦煌藏文《逐日人神所在法》的文本来源与使用群体

敦煌藏文本P.3288V《逐日人神所在法》所载内容，与同样出自藏经洞的敦煌诸件汉文逐日人神禁忌文献在文例编排与内容书写上基本一致，但文字略有差异，主要体现在三个方面：一是部分时间对应的身体部位不尽相同，如十四日人神禁忌在藏文本中写作“十四日在喉咙和手的……和胃脘”，而敦煌汉文本几乎全写作“十四日在胃管”，没有涉及藏文本中的喉咙和手这两个身体部位。关于十四日人神在人体三个部位的记录，目前主要保存在《千金翼方》与《外台秘要》这两本唐代汉文医籍中，其文字表述为“十四日胃脘喉咙足阳明”[①]，其中的“足”在敦煌藏文本中被写成了“手”。二是藏文本对针灸安全的强调更显突出，尤其表现在十五日人神禁忌上，汉文本普遍用“十五日在遍身”一语概括，而藏文本则进一步强调“十五日在遍身，故此日不宜针灸及火灸”，这是所有汉文针灸禁忌文献所未见的。三是对人体部位描述的精确度不同，以二十八日人神所在为例，敦煌汉文本多书

① [唐]孙思邈著，李景荣等校释：《千金翼方校释》，北京：人民卫生出版社，1998年，第437页。

作“廿八日在阴”，敦煌藏文本则写作“tshes nyi shu brgyad la pho mtshan dang mo mtshan la gnas（二十八日在男根、女阴）”，其表述相较敦煌汉文本而言更为清晰明确，且已略显吐蕃民族语言特色。

此前所知最早的藏文逐日人神所在法，保存在17世纪达磨·曼仁巴·洛桑曲扎编著的医书《藏医秘诀》。[①]此书与汉文医籍、敦煌文献中的逐日人神禁忌相比较，在文例编排方面基本一致，但在内容书写上却相近者少、相异者多，特别是有关各日人神与对应身体部位的描述差异较大，如：八日，《千金翼方》、P.3288V《逐日人神所在法》分别作“八日足腕一云脚”“八日在手腕”，《藏医秘诀》作“八日在心”；十三日，《千金翼方》、P.3288V《逐日人神所在法》均是人神“在牙齿”，《藏医秘诀》写作“十三日在囟门”；十七日，《千金翼方》、P.3288V《逐日人神所在法》分别是“十七日气冲及胁部”“十七日在气冲及牙齿及胁部”，《藏医秘诀》则是“十七日在肩部”。比较而言，敦煌藏文本P.3288V《逐日人神所在法》与汉文医籍的人神禁忌书写更为接近。根据P.3288背面藏文文字自汉文《乾宁三年（896年）丙辰岁正月归义军节度押衙某杂写》右侧空约三行处自左向右抄写的情形判断，此件藏文文献的抄写年代应在唐乾宁三年左右，属后吐蕃时代的作品，比《藏医秘诀》至少早了近7个世纪。从这一角度来看，敦煌本P.3288V《逐日人神

---

① 其汉译文为："人神处所（bla gnas）的计算方法（brtsi tshul）是，（每月）一日在足大拇指，二日在脚踝，三日在小腿肚，四日在膝关节大腿内侧，五日在腘窝（在膝关节后），六日在大腿的沟（腹股沟），七日在心窝部（胸部正中），八日在心，九日在颈项，十日在喉头部，十一日在鼻尖，十二日在前额，十三日在囟门，十四日在耳尖，十五日由头顶到全身，十六日在后颈窝，十七日在肩部，十八日在臀部，十九日在颈项，二十日在肘部，二十一日在肋部，二十二日在腋下，二十三日在手，二十四日在肾，二十五日在髋臼，二十六日在百那，二十七日在生殖器，二十八日在胫面部，二十九日在背部，三十日在从足心到全身。"参见刘英华《敦煌藏文写卷P.T.1044再探》，载《敦煌吐蕃文化学术研讨会论文集》，兰州：甘肃民族出版社，2009年，第275页。

所在法》无疑应是目前所存时代最早的古藏文针灸人神禁忌文献。

通过与敦煌汉文本人神禁忌文献以及传世汉文医籍的比较，可以判定敦煌写本P.3288背面藏文《逐日人神所在法》应是根据相关汉文针灸人神禁忌文献改编而成，并有部分内容源自唐代中医典籍《千金翼方》或《外台秘要》，改编后的藏文书写就其文字表述而言显然比目前所知的汉文逐日人神所在法文献胜出些许。

由于藏语文自8世纪中叶开始逐渐成为河西与西域地区的一种共享语言，故敦煌藏文本P.3288V《逐日人神所在法》的使用群体问题就变得复杂，需要进一步落实。敦煌文献P.3288就整体而言，背面用藏文相继抄有沐浴洗头占、星占、人神禁忌、宅经等内容，前后藏文字迹相同，为一人所抄。在《逐日人神所在法》后面有一段漫漶较为严重的藏文文字，其首行书作："rus ni gtsang……gyi……lang dang skas（藏裔□阶梯□恶业）"，经笔者与才让教授、朱丽双教授充分讨论，[1]一致认为此件藏文文献中的"gtsang"当译为"后藏"，即今西藏日喀则及其附近地区。此外，在《逐日人神所在法》之前的藏文星占书写中，还有"调服牦牛"的表述。文本中的这些信息足以表明，包括《逐日人神所在法》在内的敦煌藏文文献P.3288V的编译者与使用群体应是吐蕃人。

四、敦煌藏文本《逐日人神所在法》重要的文献学与历史学价值

敦煌藏经洞出土古藏文医学文献是研究吐蕃医学的珍贵资料，学界

---

① 感谢才让教授、朱丽双教授的不吝赐教！

此前释读整理出了S.t.756《医疗术长卷》、S.t.1254《医疗术》、P.T.1057《医疗术》、P.T.127《火灸疗法》、P.T.1044《火灸疗法》、P.T.1058《藏文穴位图》等写卷，作为目前所知时代最早的古藏文针灸人神禁忌文献，敦煌本P.3288V《逐日人神所在法》的发现尚属首次，此件写本的译释和刊布，不仅进一步扩展了学界对吐蕃医学文献的认识，而且为研究吐蕃针灸医学的传承衍变提供了弥足珍贵的新史料，有助于保存并丰富吐蕃文献典籍。

需加注意的是，在出土文献中此前已相继发现回鹘文和西夏文两种少数民族语言的人神禁忌文献，但前者因残缺不全而难以窥其全貌，[①]后者则仅存《十二部日人神不宜灸》《十二时不宜灸》《十二部年人神不宜灸》，未见逐日人神禁忌相关书写。[②]所以，敦煌藏文本《逐日人神所在法》也是目前出土少数民族语言文献中唯一保存完整的逐日人神所在法写本。毫无疑问，敦煌藏文人神禁忌文献与吐鲁番出土回鹘文、黑水城出土西夏文人神禁忌文献的发现，说明作为医疗安全规范重要内容的中医针灸禁忌，不仅在唐宋时期的中原颇为流行，而且对中国古代的吐蕃、回鹘、西夏等均具有重要影响，充分证明了历史时期西北少数民族和中原内地在医学领域的交流与融合，同样是中国古代边疆民族关系的主旋律之一。

学界目前关于唐宋时期汉、藏医学的关系研究，主要采取两种路径开展：一是利用传世西藏教法史籍中的相关记载予以建构，[③]所用资

---

① 参见杨富学、张田芳《回鹘文〈针灸图〉及其与敦煌针灸文献之关联》，《中医药文化》2018年第2期。

② 参见聂鸿音《西夏译本〈明堂灸经〉初探》，《文献》2009年第3期。

③ 参见黄颢《唐代汉地医学对藏族医学的影响》，《民族研究》1980年第5期。

料主要有《红史》《贤者喜宴》《西藏王臣记》《月王要诊》等，然很多西藏教法史籍的成书时代相对较晚，并且常充满宗教神话色彩，因此很多内容仍有待进一步考证，资料的可信性也亟须落实；二是通过此前业已刊布的敦煌藏文医学文献与中医在取穴方法、主治病症、治疗原则等方面的比较，以探究藏、汉医学的若干相近性，[①]但诚如相关研究者所坦承的那样，这些比较仍是较为粗浅的。总而言之，既有研究均缺乏直接的实证材料以阐明唐宋时期汉、藏针灸医学的关系，所以学界目前或否认古代藏医灸法曾受到中医灸法的影响[②]，提出汉、藏两个传统医药体系中的灸疗术是相对独立发展起来的[③]；或认为吐蕃火灸术主要是与突厥、波斯、古印度等西域民族火灸术互相交流、互相融汇发展起来的[④]，从而忽视或否认历史时期中医对吐蕃针灸医学影响的存在。作为一种极具实用性的文书，敦煌藏文写本P.3288V《逐日人神所在法》的发现与释读，不仅有力说明了唐宋之际以针灸术为代表的藏、汉医学有着紧密联系，吐蕃民众主动学习和应用中医针灸禁忌，而且为解决吐蕃针灸医学在发展过程中曾积极借鉴、吸收中医医疗安全规范等医学养分提供了直接证据和确凿、完整的实证资料。

总的看来，敦煌藏文本《逐日人神所在法》涉及吐蕃医学的诸多问题，是客观认识吐蕃医学形成以及汉、藏医学交流的珍贵史料，具有重要且独特的学术价值，应该得到学界的足够重视。

---

① 参见罗秉芬《敦煌本吐蕃医学文献〈火灸疗法〉的研究》，载罗秉芬主编《敦煌本吐蕃医学文献精要》，北京：民族出版社，2002年，第72—75页。

② 参见洪武娌《敦煌本吐蕃医学卷子中的疗法初探》，载罗秉芬主编《敦煌本吐蕃医学文献精要》，北京：民族出版社，2002年，第116页。

③ 参见蔡景峰《藏医学通史》，西宁：青海人民出版社，2002年，第74页。

④ 参见罗秉芬《敦煌本吐蕃医学文献〈火灸疗法〉的研究》，载罗秉芬主编《敦煌本吐蕃医学文献精要》，北京：民族出版社，2002年，第67页。

第八章　敦煌汉、藏文《宅经》比较研究
——以法藏敦煌藏文写本P.3288V《五姓家宅图等占法抄》为中心

“宅经”是敦煌藏经洞出土遗书中数量较多的一类术数书，是指历史时期以相宅择吉为旨向的术数文献之概称，或直接冠以“宅经”的占卜书。根据业已公布的敦煌汉文、古藏文遗书，宅经类文献计有二十二件，包括：P.2615a，P.2615b，P.2630v，P.2632v，P.2962v，P.2964，P.3281vb，P.3492a，P.3507，P.3594，P.3602v，P.3865，P.4522va，P.4667va，S.4534v，S.6169，Дх.00476+05937+06058，Дх.01396+01404+01407，Дх.01396+01404+01407v，Дх.05448，P.3288V，P.T.127。以上写卷中，P.3288V与P.T.127均系古藏文写本，具有重要学术价值，它们的发现为敦煌汉、藏文宅经文献比较研究提供了弥足珍贵的资料样本。

一、敦煌写本《宅经》整理研究回顾

学术界对敦煌本宅经的研究起步较晚，法国学者茅甘（Garole Morgan）在1984年巴黎出版的《敦煌学论文集》第3卷中发表了《敦煌写本中的“五姓堪舆”法》一文，其研究涉及何谓五姓、有关五姓

堪舆宗的史料、五姓姓氏的分类以及五姓分类的用途等方面，1993年中华书局出版的《法国学者敦煌学论文选萃》收入了茅甘的此篇论文。[①]日本学者菅原信海著《占筮书》一文，将P.2615、P.3492、P.3507、P.2632v、P.2962v、P.3865、P.3281v、S.4534v等敦煌写本宅经写卷作为占筮书的一类，分别对之进行了介绍和比较。[②]1995年宫崎顺子在《东方宗教》上发表了《敦煌文书〈宅经〉初探》一文。[③]1996年中国台湾云龙出版社出版了赵建雄先生所著《宅经校译》，该书着重对传世本宅经与敦煌写本P.3865宅经残卷进行了互校和语译。对宅经残卷进行全面统计和分类定名有助于学界从整体上对此类文献的认识和把握，时至目前，进行这一有益工作的是黄正建先生。而在此之前，黄正建先生所著《唐代衣食住行研究》一书，首先从社会生活史的角度探讨了敦煌写本宅经残卷。[④]随着《俄藏敦煌文献》的陆续出版，黄正建《关于17件俄藏敦煌占卜文书的定名问题》一文对其中宅经类残卷进行了识别和更具体的归类定名。其中第六册Дx.00476+05937+06058由三个号组成，原命名为“宅经”，除第一号存疑外，后两号似为一件文书，在五姓宅图的画法与各姓移徙吉凶的注明上，都和P.2615a“诸杂推五姓阴阳等宅图经”相似，所述内容分别是“商姓移徙法”和“宫姓移徙法”，因此笔者将本件文书拟名为“五姓宅经”。同时正确指出《俄藏敦煌文献》编者应将第二号中“向亥地”的一张残片放在“向戌地”

---

① [法]茅甘:《敦煌写本中的“五姓堪舆法”》,载[法]谢和耐等著,耿升译《法国学者敦煌学论文选萃》,北京:中华书局,1993年,第249—255页。

② [日]菅原信海:《占筮书》,载[日]池田温编《讲座敦煌5:敦煌汉文文献》,东京:大东出版社,1992年,第448、449页。

③ [日]宫崎顺子:《敦煌文书〈宅经〉初探》,《东方宗教》1995年,第41—70页。

④ 黄正建:《唐代衣食住行研究》,北京:首都师范大学出版社,1998年,第148—151页。

之后，而不应放在文书开头。第8册Дx.01396+01404+01407文书原定名“宅经（附阴宅图）”，与P.3865宅经和传世本宅经相比较，不仅在基本理论上是一样的，而且文书中的“阴宅图”与传世本宅经中的“阴宅图”也相似，所以作者根据传世本的定名将本件文书拟名为“黄帝宅经”。Дx.01396+01404+01407背，原定名“阴阳书”，但从内容上看似是按五姓来叙述移徙的吉凶，作者将此件文书归入“五姓宅经”类。[①]在此基础上，根据现已公布的敦煌文书，黄正建先生在2001年出版的《敦煌占卜文书与唐五代占卜研究》以及2014年出版的增订本中认为敦煌占卜文书中的宅经类写本有19件，通过对其内容的叙述分析和相互比较，大致分为三类——五姓宅经类、其他宅经类、杂类。[②]黄正建先生对敦煌本宅经的统计和分类定名，增进了学术界对此类文献的认识，为今后开展进一步的研究提供了方便。

关于敦煌汉文本宅经的整理，相继有笔者著《敦煌写本宅经校录研究》、金身佳编著《敦煌写本宅经葬书校注》、关长龙《敦煌本数术文献辑校》。[③]以上诸家对此类文献进行了程度不同的统计、整理、校录，基本解决了其文字问题。

然而学界以往对敦煌藏文文献中是否存有宅经资料并不明确。敦

① 黄正建:《关于17件俄藏敦煌占卜文书的定名问题》,《敦煌研究》2000年第4期,第130—133页。

② 黄正建:《敦煌占卜文书与唐五代占卜研究》,北京:学苑出版社,2001年,第72—81页;黄正建:《敦煌占卜文书与唐五代占卜研究》(增订版),北京:中国社会科学出版社,2014年,第62—69页。

③ 陈于柱:《敦煌写本宅经校录研究》,北京:民族出版社,2007年;金身佳编著:《敦煌写本宅经葬书校注》,北京:民族出版社,2007年;关长龙:《敦煌本数术文献辑校》,北京:中华书局,2019年。

煌藏文本P.T.127《人姓归属五音经》最早由高田时雄先生释读刊布，[①]虽仅涉五音五姓的问题，但此件文献与新近揭出的法藏敦煌藏文文献P.3288V《五姓宅图》（拟）互为一体，可以互相发明，尤其后者是目前发现的唯一一件明确的藏文本宅经资料，它的发现进一步推动了学界对敦煌藏文社会历史文献的认识。

二、敦煌藏文写本P.3288V文献概况

法藏敦煌文献P.3288由多纸粘连而成，首尾均缺，正面抄汉文文书《玄像西秦五州占、太史杂占历等》[②]，背面自右向左相继抄写《佛典摘抄》《佛曲》《乐住山》《五台山赞》、藏文文献、《乾宁三年（896年）丙辰岁正月归义军节度押衙某杂写》《步军都知兵马使张贤庆衔名》《归义军节度马步都虞候银青光禄大夫检校太子宾客兼监察御史上柱国张怀政邈真赞并序标题》。藏文所存纸页首尾完整，天头、地脚及字行之间时有残缺，大部分文字漫漶不清，存200余行，相继抄写沐浴洗头占、星占、人神占、宅经等四种占法。由于学界此前未能对P.3288背面的藏文文字进行完整释录和细微探究，故关于此件敦煌藏文文献相关书写的定名仍不够准确，研究认识尚有待进一步深化。就卷中所存第四种占法而言，尽管学界重点解决了卷中的部分藏文文字和文义，但对同处一页的汉文文字未能释读和研究，就目前的定名和题解、适应群体等问题而言，也存在很大的研究空间，而以上问题的存在，主要囿于未能与同出藏经洞的敦煌汉文本宅经作详尽的比较研究。

---

①［日］高田时雄著，钟翀等译：《敦煌·民族·语言》，北京：中华书局，2005年，第352、353页。

②郑炳林、陈于柱：《敦煌占卜文献叙录》，兰州：兰州大学出版社，2014年，第66页。

P.3288V第四种藏文占法主要由三张图式构成，图式中间穿插书写少量藏文与汉文，故总体可划分为五部分。下面逐一考释。

三、敦煌藏文写本P.3288V（四）内容新考

之所以将P.3288V第四种藏文占法考订为宅经，主要基于该占法的图式与敦煌汉文本宅经文献尤其是“五姓宅经”的图式构成近乎相同。五姓是指五音对姓氏的划分，五姓、五音均为传统五行说之一环，在汉至宋的多类占卜选择术中被长期广泛使用。两《唐书》的《经籍志》和《艺文志》中记有《五姓墓图要诀》《玄女弹五音法相冢经》《五音地理经》，在相宅方面则记录专以五姓命名的相宅著述——《五姓宅经》。[①]遗憾的是，在传世文献中仅存有《黄帝宅经》，故史籍著录的《五姓宅经》长期以来为世人所不了解，敦煌藏经洞发现的一批《五姓阴阳宅经》《五姓宅经》写本由此具有极为重要的文献学价值。

涉及五姓宅或五姓的敦煌本宅经主要有P.2615a，P.2632v，P.2962v，P.3281vb，P.3492，P.3594，P.4522va，P.4667va，S.4534v，Дx.00476+05937+06058，Дx.01396+01404+01407v，共计11件，其中P.2615《诸杂推五姓阴阳等宅图经一卷》是保存和涉及五姓宅法最多的写本，其余宅经残卷在有关五姓相宅的规定方面则基本和P.2615相同或相似。

从P.2615《诸杂推五姓阴阳等宅图经一卷》来看，完整的“五姓宅图”是由角宅图、征宅图、宫宅图、商宅图、羽宅图（还包括相应的文字）五个相对独立的部分组成。而每一部分一般完整依次包含以下几方面内容：五姓人宅图、作舍法、五姓分类下的姓氏、五姓家宅图、

① 《旧唐书·经籍志》记有《五姓宅经》2卷，《新唐书·艺文志》记有《五姓宅经》20卷。

图1 P.2615中的角姓人宅图，图片取自IDP

五姓宅所适合的地形以及五姓移徙延向法等。

刘英华等学者注意到敦煌藏文写本P.3288V（四）中的图式与P.2632V与P.2962V中的“商家宅图”“角家宅图”比较接近，无疑是正确的，但由于作者对敦煌汉文本宅经的总体面貌缺乏了解，未能就两者开展细致比较，故得出的认识不免较为含糊，对其定名也就有失详查。

敦煌汉文本P.2615《诸杂推五姓阴阳等宅图经一卷》中的“五姓人宅图”是以内外两个方块组成的“回”字形图式（如图1）。该结构是古代人们对“地”的普遍概念，“即中央与四方或八方的‘回’字形结构，正方形的大地，由一个中央与向外推衍的四或八个方向构成，而这四或八个方向又各与其象征的神祇、季节、时令、色彩相联系，这样，‘地’与‘天’就有了相同的结构，有了相通的象征，有了相应的关系”①。如果我们以此图式中内外两个方块为界的话，那么，整个人宅图式由里至外分别作四层排列：(1) 图式名称。P.2615写有“角姓人宅图”“征姓人宅图”“商姓人宅图”“羽姓人宅图”等。但有的宅经残卷也写作“商宅图”“羽姓人宅

① 葛兆光：《中国思想史》第一卷，上海：复旦大学出版社，2001年，第146页。

法”（P.2632v）或“角姓宅依此图用吉”“征宅图”（P.2962v）。另外，有时可能出于抄写者的疏忽或笔误等原因，而将人宅图和家宅图的名称互混，如P.2615a就把“宫姓人宅图”的字样写在了“宫家宅图”上。因为此类图式主要用于指导五姓人进行作舍择宅，所以笔者认为以“某姓人宅图”作为图式名称比较合适。（2）以干支、四维构成的方位标向。即由十天干、十二地支和四维构成的二十四方位。二十四方位中的十二地支，不仅具有方位上的意义，而且还代表着一年的十二个月。敦煌本宅经中的人宅图就是以上述具有方位和时间意义的干支以及四维作为其基本方位标向的。但在敦煌汉文本宅经人宅图中，我们并未见到八卦代四维或四仲的现象，只是在四维上时常有“宅头”和“宅尾”的标注。（3）建除与十二神的固定搭配[①]。人宅图的第三层内容是彼此固定搭配的建除与十二神。（4）五姓人在十二月中、十二方位上作舍立宅的吉凶。第四层主要规定的是五姓人在十二个月中和十二个方位上作舍立宅的吉凶宜忌，这些占辞按照与十二地支在月和方位上的对应关系分布于整个图式的四方；每一方一般先述五姓人在该方对应三个月中作舍的宜忌，然后再说在该方对应三个方位上立宅的吉凶，如《角姓人宅图》载“正月作舍官事危凶”、“立寅，煞家长孤寡官事口舌危”。

法藏敦煌藏文文献P.3288V（四）第一张图与敦煌汉文本宅经比较，其结构与敦煌汉文本五姓人宅图近同，但内容差异甚是明显，主要表现在：第一层未注明图式名称；第二层虽也有干支，天干主要是音译，

---

① 建除十二辰，又称建除十二客，其十二客为建、除、满、平、定、执、被、危、成、收、开、闭，因其前二辰为建、除，故称。与建除有着固定搭配的十二神，较早出现在古代六壬式之天盘中，包括太一、胜先、小吉、传送、从魁、河魁、征明、神后、大吉、功曹、太冲、天刚。

图2 P.2615中的角家宅图，图片取自IDP

地支则以十二生肖代表十二地支，具有浓郁的吐蕃文化色彩，[①]在图式的四维上未见有“宅头”与“宅尾”的标注，却有敦煌汉文本宅经人宅图所不见“干、艮、巽”等八卦来表示的四维；敦煌汉文本五姓人宅图第三层的建除与十二神未见于P.3288V（四）第一张图中；第四层相关位置仅能释读出“天道”“人道”，未记录作舍立宅相关卜辞。以上差异表明，P.3288V（四）的第一张图式不应是敦煌汉文本宅经中的“五姓人宅图”。

P.2615《诸杂推五姓阴阳等宅图经一卷》中的另一重要图式系与“五姓人宅图”对应的“五姓家宅图”，五姓家宅图的图式布局与人宅图大体相同（如图2）。

整个家宅图由里至外也分别作四层排列，内容分别为：(1) 图式名称。P.2615写有“角家宅图”“商姓宅图”，P.2632v写有“征家宅图”等，P.2962v也记“角宅图”“征姓宅图”。但有的称作“宫宅十二神安置”（P.2632v）、“商家宅图、安置神出入”（P.2632v）、“羽姓十二神安置法”（P.2632v）等。笔者将其统称为“五姓家宅图”。(2) 宅内基本建筑的标注。家宅图第二层主要是关于宅内主体住房和一些家用设施在图式中的分布与标注。主体住房主要有“北堂”“东房”“西舍”“南

① 吐蕃纪年的“地支”，常以生肖表示。

舍”。这些主体住房主要分布于图式名称的四方，而且在五姓家宅图中所处的位置基本一样。此外，在主体住房四周还标注了一些居宅常用设施，大致包括“客舍”“门”“井”“灶”“磨硙”“厕”以及牛、羊、马舍等。值得注意的是，在P.2615《诸杂推五姓阴阳等宅图经一卷》“羽姓家宅图”[①]的同一层面，还在特定位置标注了“天道”“人道”。(3) 干支、八卦构成的二十四方位。五姓家宅图第三层等同于五姓人宅图中的第二层，即二十四方位坐标，略有差异的是四维已经用乾、坤、巽、艮等八卦来表示了。(4) 修治之月与十二神。如《角家宅图》载“甲，正月月修”、“卯，天牢”，所谓“天牢”等十二神系指中国古代术数文化中的黄道黑道十二神，即“青龙、明堂、金匮、天德、玉堂、司命，皆月内天黄道之神也。所值之日皆宜兴众物，不避太岁、将军、月刑，一切凶恶自然避之。天刑、朱雀、白虎、天牢、元(玄)武、勾陈者，月中黑道也。所理之方、所值之日皆不可兴土功、营房舍、移徙、远行、嫁娶、出军”。[②]

与P.2615《诸杂推五姓阴阳等宅图经一卷》“五姓家宅图”比较，敦煌藏文本P.3288V(四)第一张图式无论是结构还是内容都可以确定系“五姓家宅图”之一。除基本结构与敦煌汉文本“五姓家宅图”一致外，P.3288V第一张图式在同样位置的壬、丙、甲之处亦标注有藏文的“天道”“天道”“人道”字样，而同类标注目前只见于P.2615《诸

① P.2615《诸杂推五姓阴阳等宅图经一卷》此处原写作“羽姓人宅图”，与原卷前一“羽姓人宅图”重复，据文义当系“羽姓家宅图”。

② 李零主编：《中国方术概观·选择卷》，北京：人民中国出版社，1993年，第252页。敦煌遗书P.3803《咏黄道决、咏黄道决歌》也有记载：“魁下明堂对玉堂，小吉金匮对金曩，功曹本言为大德，太一天牢是吉昌，此之相配为黄道，万般凶祸不为殃。凡欲出军并嫁娶或为修造或迁移，但承黄道皆福利，不避将军及岁支。”

表1　五姓家宅图中的十二神

十二神	角姓家宅图	征姓家宅图	宫姓家宅图	商姓家宅图	羽姓家宅图
寅	白虎	金匮	勾陈	白虎	玉堂
卯	天牢	大德	司命	天牢	玄武
辰	勾陈	玉堂	青龙	勾陈	白虎
巳	司命	玄武	朱雀	司命	天牢
午	青龙	白虎	明堂	青龙	勾陈
未	朱雀	天牢	刑上	朱雀	司命
申	明堂	勾陈	金匮	明堂	青龙
酉	刑上	司命	大德	刑上	朱雀
戌	金匮	青龙	玉堂	金匮	明堂
亥	大德	朱雀	玄武	大德	刑祸
子	玉堂	明堂	白虎	玉堂	金匮
丑	玄武	宅刑	天牢	玄武	大德

说明：本表主要根据 P.2615a 中的家宅图而制。

杂推五姓阴阳等宅图经一卷》“羽姓家宅图”的丁、乙位置，分别是“天道”“地道”。所谓“天道”“人道”等，当系古代阴阳家术语，频见于古代宅经、葬书等文献，P.2615《诸杂推五姓阴阳等宅图经一卷》载“宫家天道丁癸，人道甲庚，地道乙辛，鬼道丙壬鬼道来之凶”，元陶宗仪《说郛》卷一九〇上引《黄帝宅经》记“子夏云，墓有四诀，商角二姓丙壬乙辛，宫羽征三姓甲庚丁癸，得地得宫，刺史王公，朱衣紫绶，世贵名雄”。清《协纪辨方书》记有“六道”：“天、地、兵、人、鬼、死六道，四吉二凶，天、地、兵、人吉，鬼、死凶。以十二岁分为两周，自子至巳，自午至亥，轮转六道，子年艮坤天道，甲庚地辛兵道，巽乾人道，丙壬鬼道，丁癸死道”，[①]其内容与敦煌本宅经相近，但具体内容略有不同。敦煌藏文本P.3288V（四）第一张图式中的“天道”出现在“丙、壬”两个位置，根据《说郛》引《黄帝宅经》记载之规则，可推该图当为“商家宅图”或“角家宅图”。该图鼠（子）位置对应一词，刘英华先生将其释读为“玉堂”的音译，无疑是正确的，而在敦煌汉文本“五姓宅图”中同样位置对应黄道十二神之一“玉堂”的唯有“角家宅图”。以上证据足以明确，敦煌藏文本P.3288V（四）第一张图式实是古藏文抄写的“角家宅图”，而非学界此前所认为的“角姓地形阴图或商姓地形阳图”。

P.3288V（四）第一张图式之后有一行藏文文字，但漫漶不清，刘英华先生将其释读为“阳宅和阴宅的观察”。其释文与文义虽有待进一步厘定，但此句藏文后面的第二张图式似乎与古代宅经文献记录中的“阴阳宅”有关。该组图式存有四到五个矩形方框，其中一框内书写一行藏文，学界此前未作整理，笔者将其释读为“人、宅吉祥圆满”。传统观点一般认为所谓“阴阳宅”是指代表阴间的墓地和代表人间的住宅，其实至迟在南朝，人居住宅在相宅术中就已有阳宅阴宅之分，其中并不包含阴间阳间之意；[②]而这种分类方法在晚唐依然为阴阳术士在占宅相地活动中所运用。敦煌本宅经本身关于阳宅阴宅的论述表明，古代宅经记录的阳宅阴宅，实是古代民间相宅术以阴阳为基本分类方式

① 李雪主编：《中国方术概观·选择卷》，北京：人民中国出版社，1993年，第935页。

② 《太平御览》引南朝梁《春秋内事》中的一段佚文：“阴宅以日奇，阳宅以月偶，阴宅先内男子当令奇，阳宅先内女子当令偶乃吉。阴宅内男子三人，阳宅内女子二人。”敦煌宅经P.3281vb中的“初入宅法”亦记录同样习俗：“初入宅法，欲入宅先以五谷遗户屋庭宜子孙。入阴以寄月，入阳以偶月。第一童女二人，一人擎水，一人举烛。童男三人，二人擎水，一人执烛。男入阴，女入阳。”

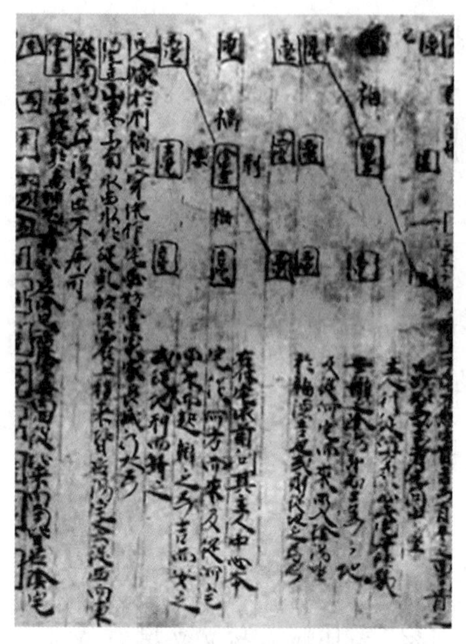

图3 P.2615中的阳宅、阴宅图式，图片取自IDP

对建筑住宅的一种特定分类。在敦煌汉文本宅经P.2615与P.2632v中均绘制有阴宅与阳宅福德刑祸的方位图示（如图3）。

根据P.2615《诸杂推五姓阴阳等宅图经一卷》的说法，此图式是为了依据“刑祸福德”的方位以推定阴阳宅的吉凶而设计：“凡欲知吉凶者，先问中坐主人，行从何方来此宅，居经几年，辩之阴阳，即知吉凶之地。及从何宅而来，所入阴阳坐于福德吉也，……凡人家于刑祸上穿坑作宅，必妨当家家长，灭门大凶。”（P.2615）敦煌藏文文献P.3288V（四）第二张以多个矩形框为主体的图式或许与之性质相同。

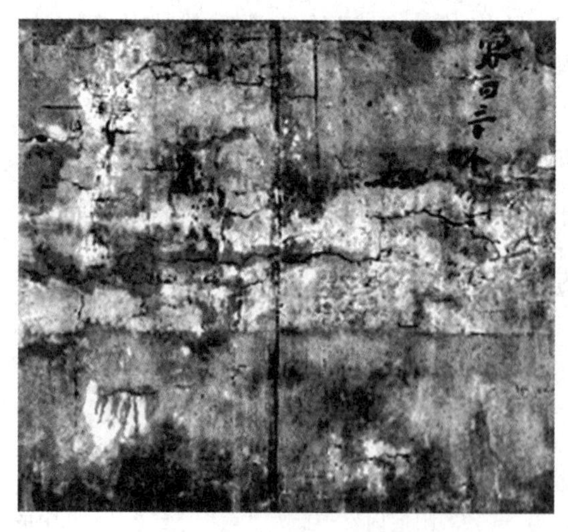

图4 P.3288V（四）中的汉文题记，图片取自IDP

特别值得注意的是，在第二张图式之后，P.3288V（四）紧接书有一则汉文题记“家图三个”（见图4），其字迹较为稚拙，与其后的第三张图式中的汉文笔风完全一致，遗憾的是此则汉文题记学界此前未能注意和释读出来。

P.3288V（四）第三张图式与第一张图式结构相同，

图中藏文文字虽分布完整，但漫漶不清，图式中间书有汉字，亦无法释读，旁边写一汉字“家”。就业已释读出的藏文文字来看，该图记录有十天干、十二地支（生肖）、代表四维的八卦、部分黄道十二神和居家设施安置情况，其中在“癸”的对应位置上，亦记录有与“天道”“人道”“地道”属同类术语的“鬼道”。在“猪（亥）”位置上，注有藏文“龟”，当系十二神中的“玄武”；在“鼠（子）”位置上，注有藏文“神大德”，或为十二神中的“大德”。对应表1，“玄武”出现在亥位的唯有宫姓家宅图，但“五姓家宅图”均没有子位对应“大德”的情况，不排除P.3288V书手将此条卜辞抄错位置的可能。总之，与敦煌汉文本宅经中的图式比较，P.3288V（四）第三张图式无疑应与第一张图式性质相同，很可能属于“五姓家宅图”中的“宫家宅图”。

四、P.3288V（四）的定名、年代与使用群体再议

通过前面的考释，可以看到两张“五姓家宅图”［“角家宅图”“宫家宅图”（疑）］以及可能为阴阳宅“刑祸福德”的图式构成了藏文本P.3288V（四）的主体内容，而在敦煌汉文本宅经资料中，经常将五姓相宅法与阴阳相宅法在理论上相整合（如图5），加之考虑到藏文图式旁的汉文题记“家图三个”，笔者认为P.3288V（四）定名为《宅经·五姓家宅图等占法抄》较妥。

P.3288由多纸粘连而成，背面藏文文字自《乾宁三年（896年）丙辰岁正月归义军节度押衙某杂写》右侧空约三行处自左向右抄写，至《五台山赞》止，表明此件藏文文献是利用P.3288背面《乾宁三年丙辰岁正月归义军节度押衙某杂写》与《五台山赞》中间的空白处抄录的，因此P.3288背面藏文文献的抄写年代应在唐乾宁三年左右，属于归义军

图5 P.2615中的“五姓阴阳宅图同看用之”，图片取自IDP

时代的可能性较大。西藏教法史籍中有不少资料记载文成公主进藏时曾带入汉地的历算卜筮文书，但至今无明确资料能够证明这些传说的真实性，刘英华先生据此提出P.3288藏文写本为公元8世纪的作品，理由显然是不够充分的。

吐蕃社会历史文化中并无中原传统的“五姓”之说，亦无后者术数文化中“天道”“人道”“地道”以及黄道黑道十二神等常识。与敦煌汉文本各类宅经资料的比较分析，足以表明敦煌藏文写本P.3288V（四）《宅经·五姓家宅图等占法抄》应依据与P.2615《诸杂推五姓阴阳等宅图经》相近的汉文本宅经文献编译而成。

刘英华先生考虑到藏语对8至9世纪敦煌河西各族群体均有影响，故提出P.3288V（四）藏文本宅经“不一定只是为藏族人，也有可能是给汉族或其他民族人用的”[①]。笔者按：此件藏文书写所涉的沐浴洗头占、星占、人神占、宅经各部分内容前后字迹相同，当系一人所抄。在人神占后面有一段漫漶较为严重的藏文文字，其首行书作：“rus ni gtsang……gyi……lang dang skas（藏裔……阶梯……恶业）”，经向才让

① 刘英华、金雷、范习加：《法藏敦煌本P.3288 3555A V° 藏文星占文书研究（其一）——吐蕃藏文堪舆图研究》，《西藏研究》2018年第1期，第114页。

教授、朱丽双教授请教，一致认为此件藏文文献中的“gtsang”当译为“后藏”，即今西藏日喀则及其附近地区。同时，在写卷第二部分的藏文星占书写中，亦有“调服牦牛”的表述。这些信息表明，此件藏文文献对吐蕃本地的地理与社会生活多有追忆，其目的自然是为了能够在相关使用群体中引起文化认同和族群共鸣，因此该件藏文术数文献的主体使用者当系吐蕃人。

五、P.T.127V《人姓归属五音经》文献性质再探

同为法国国家图书馆藏敦煌藏文文献P.T.127，主要由占卜卜辞与吐蕃医方等内容构成。学术界对其医学价值研究较早、极为深入，对卷中占卜术数内容的关注则始于麦克唐纳夫人（MacDonald）的探讨[①]，此后山口瑞凤[②]、王尧[③]、高田时雄诸位学者相继有介绍和说明，尤以高田氏的题解最为详尽：“这一写本全体的构成说明如下。第〔Ⅰ〕部分：表面ll.1-77为1年按月份记载吉凶的占书。第〔Ⅱ〕部分：接下来的ll.78-184为被称作《火灸疗法》的医学文献。第〔Ⅲ〕部分：背面的ll.1-9为干支表。第〔Ⅳ〕部分：ll.10-14为五行的配合表。这一段文字简短，且与下文提到的五姓文书密切相关，……第〔Ⅴ〕部分：ll. 15-28即下文所要讨论的《人姓五音归属经》。第〔Ⅵ〕部分：继此之

① See MacDonald, *Une Lecture des P.T.1286, 1287, 1038, 1047 et 1290*. In Etudes Tibétaines, Adrien Maisonneuve Publishers, 1971, p284.中文论著参见[法]A.麦克唐纳著、耿升译《敦煌吐蕃历史文书考释》，西宁：青海人民出版社，2010年，第156、157页。

② 参见[日]山口瑞凤主编《讲座敦煌6：敦煌胡语文献》，东京：大东出版社，1985年，第539、540页。

③ 参见王尧主编《法藏敦煌藏文文献解题目录》，北京：民族出版社，1999年，第25、26页。

后的ll.29–77，仍为与最初文书相似的占书。”[①]所谓按月份记载吉凶的占书，是指根据汉文本禄命书改编而成的《推十二时人命相属法》。因此，P.T.127正背面分别抄写的是《推十二时人命相属法》《火灸疗法》、干支表、五行表和《人姓归属五音经》。其中《人姓归属五音经》，时至目前仅高田时雄于先生在20世纪90年代和21世纪初作过释录和研究，[②]此后长期未能引起学界足够关注。所谓《人姓归属五音经》，其实是高田先生对P.T.127背面第15—28行相关书写的一种简称，其汉译文如下：

人之姓氏归属于五音之中的经。宫姓在土行，泛，范，□，阎，任，严，刘，郑，宋，□，孙，□，牛，游，宫，□，曲，□，牢，仇，舍，□，□，□，□，□等等，属土行。

商姓在金行，张，王，梁，唐，阳，索，常，贺，荆，□，左，□，姚，杜，康，□，桑，□，□，令狐，庆，蒋，石，安，卢，□，□，郝，藉，□，傅，罗，仕，向，□，马，雷，□，□，扈，□，□，□，□，□等姓属金行。

角姓在木行，龙，翟，朱，窦，□，侯，□，孔，原，赵，巢，曹，乐，周，□，姚，左，牛，屈，□，沙，□等姓属角。

羽（征?）姓在火行，李，史，陈，田，郭，郑，贾，□，申，宁，段，□，伊，儿，□，薛，□，□，□，□等姓属火行。

羽姓在水行，□，鲁，□，马，孟，贾，□，黄，□，平，

① [日]高田时雄著，钟翀等译：《敦煌·民族·语言》，北京：中华书局，2005年，第352、353页。

② 参见[日]高田时雄《五姓说在敦煌藏族》，载中国敦煌吐鲁番学会编《敦煌吐鲁番学研究论文集》，北京：汉语大词典出版社，1990年，第756—767页。

□，武，温，胡，□，苏，□，表，□，□，□等姓是水行。[①]

所谓“人之姓氏归属于五音之中的经”，主要叙述各类姓氏在五音（宫、商、角、征、羽）中的分类与归属，此类书写在古代术数文化中被称为“五姓”。五姓、五音均为传统五行说之一环，在汉至宋的多类占卜选择术中被长期广泛使用。[②]五姓各自包含的姓氏究竟有哪些？从目前掌握的资料来看，随着时代变迁和术数文本的不同，其姓氏归属也会有所变化，甚至出现不确定和相互矛盾的现象。[③]该种情况在敦煌术数文献中也得到了充分印证。敦煌术数文献中涉及五姓姓氏的主要有葬书和宅经，就前者而言，P.3647《葬书（拟）》残存有羽音所包括的姓氏及相关说明：

武，许，吕，傅一云商，余，郎，马，于，韦，仵，褚，吴，卫，郭，臣，虞，邬，扈，袁一云商，辅，俱，固，温一云宫，蒲，步，祖一云商，云一云商、一云征，睦一云商，胥一云商，霍一云角，毋定五姓。右前五姓，皆依五音韵之，或胡改寞之姓，音虽各别，皆为商用者，为上代是复姓，属商。或因继嗣他宗，亦取本姓为用，但复姓皆从商姓为定，仍任本姓所属用之。[④]

---

① [日]高田时雄著、钟翀等译：《敦煌·民族·语言》，北京：中华书局，2005年，第339—341页。

② 参见陈于柱：《敦煌写本宅经校录研究》，北京：民族出版社，2007年，第87—93页。

③《旧唐书》卷七九《吕才传》载：“言五姓者，谓宫、商、角、征、羽等，天下万物，悉配属之，行事吉凶，依此为法。至如张、王等为商，武、庾等为羽，欲似同韵相求；及其以柳姓为宫，以赵姓为角，又非四声相管。其间亦有同是一姓，分属宫商，后有复姓数字，征羽不别。”

④ 录文图版参见《法藏敦煌西域文献》第26册，上海：上海古籍出版社，2002年，第214页。

敦煌藏文本《人姓归属五音经》的羽姓与P.3647《葬书（拟）》相比较，虽有个别姓氏相同，但在数量及顺序上，两者相差甚巨，表明《人姓归属五音经》并非来自《葬书》系统。

保存五姓姓氏最多的敦煌本宅经主要有P.2615a，P.2632v，Дх.01396+01404+01407v（见表2），其中P.2615a保存内容最为完整。

表2 敦煌本宅经五姓分类下的姓氏表

姓氏	角姓	征姓	宫姓	商姓	羽姓
P.2615a	庞，翟，朱，窦，公孙，漆，卫，毛，侯，董，双，所，孔，桑，门，毕，钟，蒋，管，五，缯，巢，禹，玉，西郭，院，穆，赵，曹，进，乐，红，雍，圆，姚（？），崔，古，寝，宗，寇，高，娄，虽，坎，官，须，成，车，左，向，箫，尧，廉，银，兵，刀，邵，卜固，粟，曲，随，原，涿，行，尚，牛，屈，东方，富，劳，烛，蒙，竺，贵，笃，漏，沙。	李，史，陈，高，田，郭，郑，基母，贾，丁，秦，登，曲，申，宁，载，靳，辛，曾，齐，邵，尹，段，应，礼，直，纪，伏，荀，薛，万，訾，黎，滕，己，费，晋，柴，采，六，时，岐，伊，见，支，施，师，单，苟，西方，巩，言，知，弦，娲，子，士，咸，诸，律，质，宁，列，报，生，习，密，班，竺，宰，解。	阴，桑，整，冯，阚，廉，阎，任，魏，严，邯，盖，刘，孔，园，郑，史，米，谢，孙，审，仇，屈，我，和，苗，牛，宿，游，富，陵，曲，咸，鲍，桑，兰，亥，满，司徒，柳，陆，宫，沙，中，要，伏，谈，雄，南宗，业，宰，口，九，冬，郸，丰，门，季，季，仲，泛，摄（聂），摄。	张，王，梁，唐，阳，索，常，何，荆，左，程，风，路，姚，上管（官），庄，万，□，康，郎，扈，威，仓，虞，向，党，章，广，赏，桑，叶，贺，车，掌，令狐，强，长，蔡，蒋，石，颜，雷，安，山，邢，兰，卢，景，韩，谢，郝，啖，付，里，伤，白，英，捐，度，庆，箱，房，画，差，方，庆，展，辰，西乡，籍，屠，裴，夏，井，南家，傅，成，黄，合。	吴，吕，袁，彭，马，孟，贾，曲，淳于，燕，褚，黄，荣，郭，鲁，牟，巫，平，邴，楚，步，虞，徐，盈，武，温，胡，霍，苏，扈，潘，卜，欧阳一云商，鲍，阅，鱼，受，如，汝，皮，侯，卫。

续表

姓氏	角姓	征姓	宫姓	商姓	羽姓
P.2632v	缺	李,史,陈(？),田,郑,基母,贾,丁,秦,郄,曲,申,宁,载,靳,辛,曾,齐,邵,尹,段,应,礼,直,纪,伏,苟,薛,万,訾,黎,滕,己,费,晋,柴,奚,六,时,岐,伊,儿,友,施,师,单,荀,漆,西方,粟,巩,言,知,弦（弦),娲,子,士,咸,诸,律,质,宁,□□□班,竺,宰。	阴,采,泛,冯,阚,廉,阎,任,魏,严,邯,盖,刘,孙,审,仇,屈,我,和,苗,牛,宿,明,富,陵,曲,谢,门,熊,峦,魏,戚,汲,封,甘,咸,鲍,桑,兰,亥,满,司徒,柳,陆,宫,和,问,求,梧,舍,沙,中,要,伏,谈,雄,南宗,牢(宰),口,九,冬,郸,丰,门,季,仲,冉,隗,宋,左。	王,梁,唐,阳,索,张,常,荆,左,程,风,路,姚,上官,庄,康,郎,威,仓,向,章,尚,桑,贺,掌,强,长,赏,葵,蒋,石,颜,安,卢,景,韩,郝,啖,襄,白,项,度,画,庆,展,藉,葛,骆,屠,裴,夏,井,南家,傅,成,合。	吴,吕,袁,彭,马,孟,贾,淳于,燕,褚,黄,荣,郭,解,鲁,牟,巫,平,楚,步,虞,徐,盈,武,温,胡,霍,苏,扈,潘,卜,欧阳,鲍,于,阅,巢,绥,如,汝,皮,何,员,夏,侯,卫。

续表

姓氏	角姓	征姓	宫姓	商姓	羽姓
Дx01396+01404+01407v	缺	缺	缺	缺	盖,所,许,吕,胡,郭,查,□,开,武,禹,傅,袁,何,术,年,平,解,彭,徐,潘,流,扈,睹,皮,首,樊,居,灶,茂(?),注,及,处,曲,直,历,寄,出,仪,卫,遐,□,江,温,霍,递,区,福,采,如,风,阻,禅,尼,殒,有,育,女,今,后,马,菟(?),土,门,泪,部,茎,聊,褚,吴,满,远,明,代,咎。鲜于,淳于,母亦,司马,虞丘,区(欧)〔阳〕,北门,北宫,清年,杨,五丘,北郭,郎里,司徒,司空,司寝,武阳,西城,良伏,长□,□台,日东,□□,胡母,东□,比于,牟于,东宫,白马。

高田时雄先生曾观察指出，藏文本《人姓归属五音经》商姓起始部分“张，王，梁，唐，阳，索，常”与角姓起始部分“龙，翟，朱，窦”，以及征姓起始部分“李，史，陈，田”均与P.2615a一致，进而认为藏文本《人姓归属五音经》与P.2615a《宅经》有较近的关系。[①]笔者对此甚是认同。可以进一步补充证明的是，P.2615a《宅经》有些姓氏重复出现在五姓之中的现象同样也表现于藏文本中，而且其顺序亦有相近之处，如P.2615a角姓下的“姚”“左”，又在商姓中以先“左”后“姚”的方式出现，《人姓归属五音经》与之完全相同；P.2615a征姓下的“贾”，重复出现于羽姓中，《人姓归属五音经》亦然。所以，敦煌藏文本P.T.127V《人姓归属五音经》应当属于《宅经》所载五姓姓氏的一个缩略本，而诚如笔者在前文中业已指出的那样，“五姓姓氏”与“五姓家宅图”均是古代宅经中“五姓宅图”的关键内容和构成，故藏文本《人姓归属五音经》应是摘抄自汉文本《宅经》，其文献性质与P.3288V《五姓家宅图等占法抄》一致，均属宅经。刘英华先生提出P.3288V《五姓家宅图等占法抄》是目前所知敦煌遗书中唯一一件涉及堪舆的藏文文献，其认识显然是建立在没能厘清P.T.127V《人姓归属五音经》文献性质基础上的，该观点无疑有失详考。

六、敦煌汉、藏文宅经的重要学术价值

古代宅经文献传世者仅存《黄帝宅经》一种，敦煌藏经洞发现的22件汉、藏文宅经写卷极大弥补了目前唐宋时代同类文献缺失之不足，为学界全面了解古代宅经的编纂类型、结构内容、卜辞文例等提供了

① [日]高田时雄著，钟翀等译：《敦煌·民族·语言》，北京：中华书局，2005年，第343页。

珍贵一手资料。两件藏文本《宅经》写本的发现，不仅保存并丰富了吐蕃民族文献，而且有力表明宅经文献不仅在古代汉族社会长期流行，同时对唐宋时代的吐蕃日常生活也有重要影响，是后者积极学习、编译、使用和传播汉文实用文献典籍的实证，远比西藏教法史籍的有关描述更为确切。

从历史学的视角来看，P.3288V《五姓家宅图等占法抄》、P.T.127V《人姓归属五音经》为进一步探绎唐宋之际敦煌社会演进和吐蕃移民日常生活变迁提供了特殊观察视角，进而成为深入研究和考量吐蕃政权崩溃前后流寓西北地区吐蕃后裔历史走向与生活实况的关键新资料，有助于填补正史记载缺失的缺憾和不足。

由吐蕃人学习使用、抄写于归义军时期的P.3288V《五姓家宅图等占法抄》与P.T.127V《人姓归属五音经》，为解决吐蕃统治结束后敦煌地区仍有大量吐蕃移民在此生产生活提供了更为丰富的证据。自786年吐蕃攻陷敦煌，至848年张议潮率众起义，敦煌地区受吐蕃政权管辖达半个多世纪。归义军政权建立后的敦煌河西地区是否还存在吐蕃移民？就此问题，汤开建先生利用正史资料探讨了河西各地吐蕃部落的分布情况[①]，郑炳林先生从归义军史视角分析了归义军政权对敦煌吐蕃移民的多种管理体制[②]，均极具启发意义。P.3288V《五姓家宅图等占法抄》的发现则进一步表明归义军时代的敦煌地区不仅有大量吐蕃移民生活于此，而且有相当一部分群体完成了由游牧生活向定居生活、农耕生活的过渡。英藏敦煌文献S.2607《赞普子一首》载："本是蕃家帐，年年

① 参见汤开建《对五代宋初河西地区若干民族问题的探讨》，载汤开建《宋金时期安多吐蕃部落史研究》，上海：上海古籍出版社，2007年，第5页。

② 郑炳林：《晚唐五代敦煌地区的吐蕃居民初探》，《中国藏学》2005年第2期，第40—45页。

在草头。夏日披毡帐，冬天挂皮裘。语即令人难会，朝朝牧马在荒丘。若不谓（为）抛沙塞，无恩（因）拜玉楼。”[①]这篇出自吐蕃统治河陇结束后一名留居当地的吐蕃人作品，清楚地反映了部分吐蕃移民在吐蕃管辖时的敦煌尚保留着“朝朝牧马在荒丘”的传统游牧方式。而进入归义军时期，流寓河西敦煌的吐蕃移民普遍向“夷人相勉耕南亩”（P.2672）的农耕生产转型，其生活方式自然随之转向定居，两件敦煌藏文本宅经文献即这一时期敦煌吐蕃移民为适应新的定居生活而学习使用的。同时，归义军时期吐蕃移民生活方式的转型，也引发了一系列归义军政权内部事件，其中最为突出的就是该地区人、地关系的紧张。敦煌地区传统主要以农业为主，兼及少量畜牧业，但因地邻沙漠，其优质土地资源较少，[②]S.2593《沙州图经》称“沙州者，古瓜州。其地平川，多沙卤。人以耕稼为业[③]”。由于敦煌陷落时与吐蕃政权约定“毋徙他境”，因此随着吐蕃军民及其奴部的涌入，敦煌境内有限土地资源与激增人口的矛盾在归义军时期变得尤为突出，敦煌资料中为学界所熟知的多宗涉及吐蕃系居民土地纠纷案件，其实质均与该群体由游牧到定居的转型有着直接关系。

敦煌藏文文献P.T.127V《人姓归属五音经》则从另一个角度透射出归义军时期吐蕃移民转型发展、积极融入地方社会的特殊历史路径。

---

① 中国社会科学院历史研究所、中国敦煌吐鲁番学会敦煌古文献编辑委员会、英国国家图书馆、伦敦大学亚非学院合编：《英藏敦煌文献》卷四，成都：四川人民出版社，1991年，第113页。

② 根据今敦煌市农业局统计，敦煌、寿昌二县，山地约占总面积的百分之十一，平川占百分之八十九，而平川之中沙漠戈壁约占百分之七十二，盐碱斥卤及河渠湖泊约占百分之十六，耕地面积不到百分之一。参见李正宇：《古本敦煌乡土志八种笺证》，兰州：甘肃人民出版社，2008年，第8页。

③ 郑炳林：《敦煌地理文书汇辑校注》，兰州：甘肃教育出版社，1989年，第1页。

吐蕃本是“俗不言姓，王族皆曰论，宦族皆曰尚[①]”。那么吐蕃移民编纂使用《人姓归属五音经》的族群意图何在？受历史时期郡望观念的影响，敦煌地区“人立身在世，姓望为先”[②]的观念较为传统和牢固，包括敦煌在内的河西陇右在历史上是一个相对独立的区域，汉族势力较强，经常是“大姓雄张”。而以姓氏为基础的“五姓”说在敦煌社会的现实生活与精神世界中均占据重要位置，居住、丧葬、婚姻，乃至社会交际等日常之吉凶宜忌，均讲究于“五姓”。除本文讨论的大批敦煌写本五姓宅经就涉及“五姓宅图”“五姓安佛堂地法”“五姓安楼台地”“五姓安场地法”“五姓安门开户法图”“五姓开井图”“五姓杂修造日法”“五姓合阴阳门法”“五姓合阴阳置仓库法”等诸多生产生活事项。[③]P.3647《葬书（拟）》强调：“凡人家穴墓田，不问大小倾亩多少，皆有四十九穴，就此之中唯有四穴，五姓相宜，始得安墓，亡人居之，永世安乐。”P.2830《推人游年八卦图》还提出游年在离“其年之中，与姓姚、侯、吕、董，交通吉”，游年在坤“一年之中宜与姓马、侯……苏、许、吕、郭交忌”，游年在干“一年之中宜与姓张（后缺）”。被学界考订为粟特后裔的归义军节度使曹元深，在安葬其父曹议金时也曾遵循于“五姓同忌法”的指导。[④]可见五姓观念早已渗入敦煌社会文化网络之中，并深刻地影响着敦煌当地汉族社群的文化心理结构、行为模式，并潜移默化地成为一种社会价值认同和群体认同的

① 《资治通鉴》卷一九四，唐太宗贞观八年（634年）十一月甲申条。

② S.2052《新集天下姓望氏族谱一卷并序》，郑炳林：《敦煌地理文书汇辑校注》，兰州：甘肃教育出版社，1989年，第323页。

③ 陈于柱：《敦煌写本宅经校录研究》，北京：民族出版社，2006年，第237—276页。

④ 陈于柱：《敦煌写本〈宅经·五姓同忌法〉研究——兼与高田时雄先生商榷》，《中国典籍与文化》2007年第4期，第18页。

特殊文化符号。在此背景下，吐蕃移民摒弃“俗不言姓”的固有传统，取用汉姓、编写《人姓归属五音经》以确定自身的五姓所属，也就成为该群体融入敦煌社会、获取地方认同的必由之路。从这一层面来看，P.3288V《五姓家宅图等占法抄》、P.T.127V《人姓归属五音经》的编纂与使用，实是吐蕃移民为获取敦煌地方社会认同而主动采取的一种族群社会文化重构行为。吐蕃移民社群积极的汉化转型，有力地增进了归义军时期敦煌地区的民族融合，在一定程度上成为推动10世纪30年代前后曹氏归义军政权改部落制为乡里制、[①]加快吐蕃系移民向编户百姓身份转变等一系列历史进程的重要文化动力。而P.3288V《五姓家宅图等占法抄》、P.T.127V《人姓归属五音经》等一批同类文献的成书过程，其实正是对上述历史进程的一种隐喻式文化表达。

---

① 从P.4989《沙州安善进等户口田地簿》、P.3888《咸通十年（869年）十二月阴悉忠牒》、P.2776V《人名录》、P.2856《景福二年（893年）草院纳粗草录》、P.3418《敦煌诸乡欠枝人户名目》、P.2817《辛巳年四月廿日敦煌乡百姓郝猎丹贷绢契稿》、P.2680V《便物历》、S.1285《后唐清泰三年（936年）百姓杨忽律哺卖舍契》、Дx.01424《庚申年十一月廿三日僧正道深分付牧羊人王抴罗寔鸡羊抄》、P.3145《戊子年闰五月社司转帖》等一批资料来看，这一时期部分吐蕃移民普遍成为敦煌乡、洪润乡、通颊乡甚至沙州城内修文坊的编户百姓，这应与此时通颊从“部落”向“乡”的提升有关。参见荣新江《通颊考》，载杨富学、杨铭主编《中国敦煌学百年文库·民族卷》，兰州：甘肃文化出版社，1999年，第116、125页。参见刘进宝《试谈归义军时期敦煌县乡的建制》，《敦煌研究》1994年第3期。

附录：P.3288V（4）《宅经·五姓家宅图等占法抄》释文

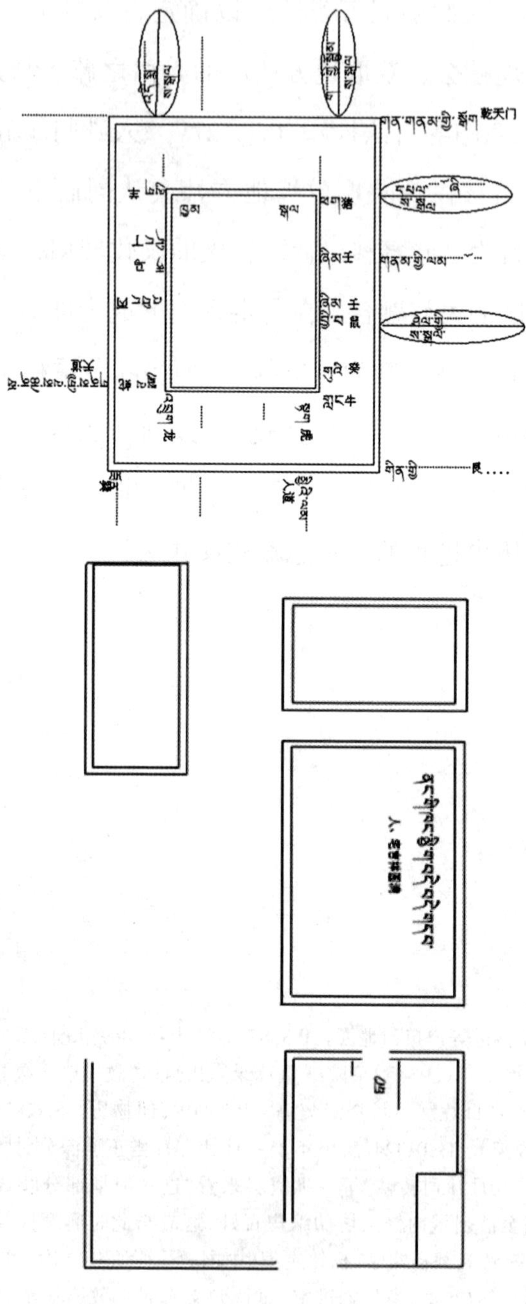

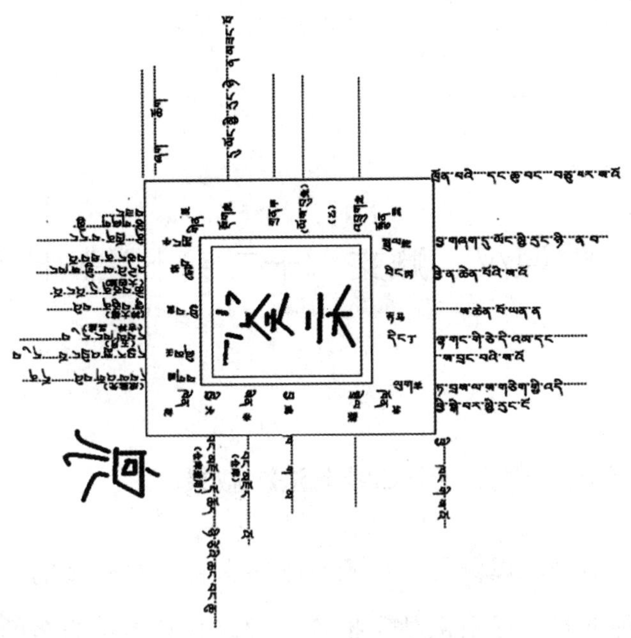

第九章　敦煌汉、藏文《十二钱卜法》比较研究

一、敦煌汉、藏文《十二钱卜法》叙录

卜法类文书是敦煌藏经洞出土文献中保存数量较多的一类术数书，系指借用各种卜具，或借助数字推算，常以某某卜法为名的文献典籍。这类文献数量较多，且类别庞杂，涉及汉文、藏文、突厥卢尼文等多种语言文字，具体可分为十二钱卜法、孔子马头卜法、周公孔子占法/占十二时卜法、周公卜法、管公明卜法、九天玄女卜法、灵棋卜法、圣绳子卜、骰子卜、五兆卜法等。敦煌文献中属于十二钱卜法类别的写本有10个卷号，分藏于英、法、俄等国，包括了S.3724、S.11415、S.813、Дx.09941+Дx.9981、S.5686、S.1468、I.O.ch.9.II.68、P.T.1055、IOL Tib J 744、I.O.748，其中有4件系藏文写本，S.3724、S.11415可缀合成一件文书。此类占书的逻辑是以金钱为工具，用金钱十二枚，掷盘或地，视其正（文）、反（曼）面的不同组合成卦，以言吉凶。20世纪90年代，法国学者马克·卡林诺斯基（Marc Kalinowski）对英藏敦煌文献中的5件《十二钱卜法》从总体上作了术数原理的分析。[①]此后黄

① 参见马克（Marc Kalinowski）《敦煌数占小考》，载《法国汉学》丛书编辑委员会合编《法国汉学》第五辑，北京：中华书局，2000年，第194、195页。

正建先生著录了5个卷号的《十二钱卜法》。[①]关长龙先生初步整理了敦煌汉文本十二钱卜法资料。在敦煌藏文本《十二钱卜法》的公布和研究上，王尧、陈践两位学者贡献最大，先后刊布、释读出P.T.1055、I.O.ch.9.II.68两件写本[②]，极大地推动了敦煌藏文占卜文献的研究。除I.O.ch.9.II.68外，日本学者西田爱揭示英国国家图书馆藏敦煌古藏文写本中尚有一件编号IOL Tib J 744的《十二钱卜法》写本，且与法藏P.T.1055实系一卷之裂，两者可以直接缀合。[③]以上10个卷号大致可分为《李老君周易十二钱卜法》《十二钱卜法抄》《孔子十二金钱卜法》（藏文本）、《十二金钱卜法抄》（藏文本）四大类，由此可见中古时期《十二钱卜法 》版本之多，说明这类文书不仅在唐宋时期颇为流行，而且对当时的汉、藏族群均具有重要影响。《十二钱卜法》为唐宋史志目录及传世文献所未见，因此十数件敦煌汉、藏文《十二钱卜法》资料在文献学、术数史以及吐蕃民族史等多个研究领域均具有重要学术价值，尤其通过对这批文献的比较研究，不仅可以重构唐宋时代汉、吐蕃族群的紧密联系和文化融合，而且还可以为研究这一时期吐蕃移民历史，特别是礼俗信仰提供新的视角和素材。

二、敦煌汉、藏文《十二钱卜法》的文本比较

古藏文本《十二钱卜法》学界目前释读的3件文书，I.O.ch.9.II.68、

① 参见黄正建《敦煌占卜文书与唐五代占卜研究》，北京：学苑出版社，2001年，第23、24页。

② 参见王尧、陈践编著：《敦煌吐蕃文书论文集》，成都：四川民族出版社，1988年，第92—94页；陈践：《敦煌藏文ch.9.II.68号“金钱神课判词”解读》，《兰州大学学报》（社会科学版）2007年第3期，第1—9页。

③ A.Nishida, *An Old Tibetan Divination with Coins: IOL Tib J 742*, Y.Imaeda, M.T.Kapstein T.takeuchieds, New Study of the Old Tibetan Documents: Philology, History and Religion, Tokyo: ILCAA, Tokyo University of Foreign Studies, 2011, pp.315-316.

P.T.1055，其中P.T.1055 与IOL Tib J 744系同出一卷，I.O.ch.9.II.68则首尾俱全、内容完整。汉文本《十二钱卜法》主要有S.813、S.1468、S.3724、S.5686、S.11415五件，或前残，或后损，无完全者；其中S.11415是S.3724所缺的左下角，两者可缀合。

首先看序言。《十二钱卜法》的汉、藏文写卷中均载有序言，但彼此叙述的重点各有不同。敦煌汉文本S.3724+S.3724V《李老君周易十二钱卜法》载："李老君周易十二钱卜法一本，缦为阴，文为阳，阴仰阳覆，老子易卜之法，用钱十二文掷着盘中，看文缦即之（知）吉凶，万不失一。"S.1468《十二钱卜法抄》则言"十二文，睹其卦文缦吉凶，□□失一……占病、鬼祟、辞讼、系狱、嫁娶、逃亡□□为事"。可知敦煌地区的汉文本《十二钱卜法》至少有托名孔子或老子的多种版本，多将《十二钱卜法》依托于李老君、《周易》，着重强调卜法的规则、占卜事项等。敦煌藏文本P.T.1055 +IOL Tib J 744《十二钱卜法》因卷首残缺，起自"三仰九俯"，故不知是否存有序言，但I.O.ch.9.II.68在序言中主要介绍卜法的由来与所用卦具，其文称"天之初，神子贡子(孔子)，将道与众多经典汇集定夺，圣神国王李三郎（李隆基）于坐骑上久思后定下卦辞。此卦于未来牢固，于当今灵验，卦具为：焚香献供，松耳石、玛瑙一对、雕翎箭一支、青稞一升，额有白点山羊不可缺少，卦具齐全最为灵验"。卷中记载的"松耳石"等卦具显然为敦煌汉文本《十二钱卜法》所不载。

就占文的文例结构而言，《十二钱卜法》的汉、藏文本写本基本一致，均是从一文十一缦起始，但在具体书写上不尽一致，具体如下：

其一，汉文诸本最多只能凑出十二组占辞，均缺"无文十二曼"，所以学界一度认为唐宋时代的《十二钱卜法》文献可能原本就没有无文十二曼。但在两件敦煌藏文本中均清晰地记录到“无文十二曼”的相关卜辞，这充分说明古代完整的《十二钱卜法》应该涵括十三组占辞。

其二，就占文的文例结构而言，汉文诸本一般是按照“几文几曼——卦名——卜问事项——禁忌——厌禳”的程序展开。藏文本与之基本相近，但缺少对时间与行为禁忌的规定。此外，汉文本一方面特别注重对“文曼”的说明，多将其依托于《周易》，并载有相应的卦名与卦象；另一方面在构成文曼的卦名上采用八卦之说，并以两卦的五行生克关系作为其后吉凶征兆的基调。[①]藏文本与之不同，一般直接叙述几文几曼和相应的吉凶情况，P.T.1055+IOL Tib J 744卜辞的常见文例是“几仰几俯——卦名——卜问事项与吉凶结论”，如：“六枚铜钱为仰，余为俯，‘土’之卦。卜问家宅、寿元，吉。所求能允，诉讼能胜。若联姻相宜，得贵子。若盖房、安宅，有福德、能富裕、稳固。谋事能成。卜问病人，能愈。卜问丢失物，能觅。搬迁，吉。卜问出行人，迅速得归。此卦卜问诸事皆吉。”I.O.ch.9.II.68各组占文的结构组成大多与P.T.1055+IOL Tib J 744一致，但每组占文句首均无“几俯(缦)”的介绍，这可以说是两件敦煌藏文本十二钱卜法书的最大不同之处。

其三，在占文的内容书写方面。汉文本《十二钱卜法》的卜问事项一般涉及出行、占病、辞讼、系狱、嫁娶、逃亡、田蚕、移徙、葬埋、宅舍、求官、兴生等日常生活的各个方面。两件藏文本写卷占卜内容

① 如S.813记：“噬嗑，易曰九文三曼，震火木之卦，宜合相生，身吉。忧患差，所求如意。诉讼得通，占病不死。岁犯灶君丈人，求之得差。系者得出，行人来至，宅舍可居，宜子孙，田蚕大得，月忌六月八月，大吉利。”

基本都是围绕家宅、寿命、联姻、生子、疾病、邪魔、怨敌、失物、搬迁、出行、官司、财运、求官、求见等事项展开。敦煌汉文本中基本没有涉及“怨敌”的问题，而藏文本亦无汉文本中所关注的“田蚕”。同时，敦煌汉、藏文《十二钱卜法》虽都强调要对不吉事项加以厌解，但其方式不同：汉文本一般要求以“解除”的方式进行禳厌，而藏文本则非常明确地说明“行仪轨”是其主要的厌胜途径。

上述比较表明，敦煌汉、藏文《十二钱卜法》的文例结构与占卜方法十分相近，但在内容书写方面则有着明显的差异。就两件藏文本来看，彼此亦有所不同。

陈践教授业已指出P.T.1055、I.O.ch.9.II.68极可能都是以汉文本《十二钱卜法》为底本。笔者按：“金钱卜”在中国的古代汉地文化中起源甚早，《朱子语类》卷六六《易二》引南轩语“卜《易》卦以钱掷，以甲子起卦，始于京房”[①]。所以钱卜这一文化形态一般被认为实自汉始。在唐代，“金钱卜”也是当时社会比较常用的一类占法，《江南曲》有“众中不敢分明语，暗掷金钱卜远人”的诗句[②]。周知，目前吐蕃史料尚未发现有关吐蕃货币的记载，新疆出土简牍显示吐蕃社会内部交易主要以物物交换为主[③]。I.O.ch.9.II.68尾题“孔子制定十二金钱神课判词”其实也从文献本身表明了敦煌藏文本《十二钱卜法》均应源自同类汉文文献的事实。

---

① 黎靖德编，王星贤点校：《朱子语类》，北京：中华书局，1986年，第1640页。

②《全唐诗》卷三一〇，北京：中华书局，1960年，第3498页。

③ 参见才让《吐蕃史稿》，兰州：甘肃人民出版社，2010年，第267页。

三、《十二钱卜法》与敦煌吐蕃移民礼俗信仰再研究

诚如前文所述，相对于汉文本《十二钱卜法》，敦煌藏文本甚堪关注的地方就是对仪轨的强调和重视，但两件藏文本《十二钱卜法》所言仪轨的性质并不相同。

I.O.ch.9.II.68《十二钱卜法》中的仪轨当属吐蕃原始宗教——苯教（Bon）。此件写卷中专门介绍的卦具包括了羊和绿松石，依照苯教观念，人面临死亡或死后只有通过举行仪轨、献祭动物作替身，才能把死者灵魂从死人世界中赎出，其中羊是最主要的替身和祭品，P.T.1134第193至195行载："遮庇羊玛尔瓦！你是没有父亲的人的父亲，你是母亲的人母亲，给一口草吃，你使人复活；给一口水喝，你赎回（人的灵魂）。"[①]绿松石也是苯教法术中常用的器物，被苯教认为具有招魂赎命的功能，褚俊杰先生转译石泰安解读的一篇苯教文献中记载："一些仪轨专职人员（gshen）在鬼怪面前，在'火不起、水不退'的鬼域（srin-yul）举行赎身仪式（glud）。他们施行nyan仪式，仪式中他们使用绿松石和白陶土，这种仪式无疑是为了召回'魂'或'命'。"I.O.ch.9.II.68中的仪轨一般是为解决病重者而实施，如"卜问病人，有邪魔、女妖加害；行仪轨则驱，不行则凶"，因此将羊和绿松石等作为卦具显然是要在仪轨中发挥其赎命的苯教功能。

与IOL Tib J 742、I.O.ch.9.II.68相比较，P.T.1055+IOL Tib J 744《十二钱卜法》中的仪轨另有不同的信仰背景，不仅全然未见前者所强

① 褚俊杰：《吐蕃本教丧葬仪轨研究（续）——敦煌古藏文写卷P.T.1042解读》，《中国藏学》1989年第4期，第126页。

调的“松耳石”“山羊”“战神”等苯教因素，反而在卜辞中出现了具有佛教背景的“上师”[①]，所谓“上师”即佛教僧侣，该词亦出现在本书研究的敦煌藏文本P.3288V之中，显示出佛教在敦煌藏文本术数书编纂过程中的重要影响。

关于敦煌吐蕃移民的礼俗信仰问题，学界以往多关注于吐蕃权贵崇佛方面，对该群体的普遍信仰情况研究不够清晰。苯教作为吐蕃原始信仰，虽在8至9世纪的青藏高原本土经受了“佛苯争斗”和官方打压，但并未因此受到重创，在吐蕃社会中仍有较大影响，且随着吐蕃势力的扩张而积极向西域、南诏等周边地区传播。[②]据王尧先生介绍，仅在法藏敦煌藏文文献中就有P.T.126、P.T.239、P.T.1038、P.T.1042、P.T.1060、P.T.1068、P.T.1134、P.T.1136、P.T.1194、P.T.1569等多件苯教文献，可证苯教渗入敦煌地区应是确凿之事实。P.T.1047V《羊胛骨卜抄》以及大量苯教写卷也的确说明，苯教仍是这一时期移居敦煌的吐蕃族群的重要宗教信仰。[③]同时也要看到，吐蕃政权占领敦煌之后，始终采取大力扶持佛教的政策，期间敦煌佛教势力迅速膨胀，寺院由十三所增加到十七所，僧尼由三百余人增加到近千人。[④]在此背景下，苯教影响力在河西敦煌不断被削弱，相关的苯教文献开始呈现佛教化的改造现象，甚至出现了苯教师向佛经献礼的情形。[⑤]以上现象表明，

---

① P.T.1055+IOL Tib J 744《十二钱卜法》“九枚铜子为仰”该组卜辞中记载：“卜问出行人路途顺利、如意否，有上师保佑。”

② 朱丽霞：《“佛本之争”后的本教》，《宗教学研究》2007年第4期，第45—69页。

③ 陈于柱：《唐宋之际敦煌苯教史事考索》，《宗教学研究》2011年第1期，第45—69页。

④ 参见郝春文、陈大为《敦煌的佛教与社会》，兰州：甘肃教育出版社，2013年，第17页。

⑤ 褚俊杰：《论苯教丧葬仪轨的佛教化——敦煌古藏文写卷P.T.239解读》，《西藏研究》1990年第1期，第45—69页；黄文焕：《河西吐蕃卷式写经目录并后记》，载杨富学、杨铭主编《中国敦煌学百年文库·民族卷》（二），兰州：甘肃文化出版社，1999年，第185页。

唐宋之际敦煌吐蕃移民的礼俗信仰具有苯、佛兼信的复杂面貌，而正是吐蕃移民的这一信仰特点促成了两件敦煌藏文本《十二钱卜法》具有不同礼俗背景与宗教风格。

第十章　敦煌术数书与武威西夏木板画“蒿里老人”互证研究

20世纪初敦煌藏经洞出土的发病书、卜法、逆刺占等大批资料中，常记录有“丈人”一词，学界对文中的“丈人”及其文化意涵问题长期不得其解。1977年在甘肃武威西郊林场西夏二号墓出土了29件彩绘木板画[①]，其中题记为“蒿里老人”的木板画被定为国家一级文物，但“蒿里老人”木板画的性质、图像象征、历史来源等问题始终困扰着学界。其实，敦煌术数书中的“丈人”正是武威西夏墓中的“蒿里老人”，这两类跨越时空的文献和文物，为解决上述长期萦绕敦煌学界和西夏学界的学术问题提供了重要而极为关键的历史资料。

一、“蒿里老人”实系冥神

“蒿里老人”木板画长28厘米、宽10.5厘米，画中人物正面像，细胡，头戴峨冠，身着交领宽袖长衫，腰束带，拄竹杖，形象庄重、栩栩如生，木板侧面墨书汉字“蒿里老人”（见图1）。20世纪80年代，

① 宁笃学、钟长发:《甘肃武威西郊林场西夏墓清理简报》,《考古与文物》1980年第3期,第63—67页。

史金波、白滨、吴峰云等学者最早对此件木板画的身份进行了判断，初步认为“蒿里老人”或是土地神或是墓主人肖像，而后者的可能性较大，发出了武威西夏木板画研究的第一声。[①]有关“蒿里老人”画像为墓主人的观点在随后长达二十多年的时间里，长期为学界所普遍采信。[②]然笔者认为，“蒿里老人”的身份性质并非墓主人肖像，更不是土地神，实系中国古代长期信奉的冥界神祇，属于以世间政治体系为模型而建立的地府官僚和墓葬神煞，并被古人视为遣祟致疾的重要病源，武威西夏二号墓彩绘木板画“蒿里老人”即这一神祇的珍贵图像，其木板画则成为整个墓葬中的冥器。

图1　“蒿里老人”木板画，图片取自《武威西夏木板画》

二、古代墓葬中的“蒿里老人”

所谓“蒿里”，其实就是中国古代丧葬文化中的“死人里”，早在东汉晚期的时候，蒿里就已成地下世界冥府的代称之一。[③]老人，在古时有多种称谓，如“丈人”“父老”“耆老”“耆寿”“老翁”等。余欣先

---

① 史金波、白滨、吴峰云编著：《西夏文物》，北京：文物出版社，1988年，第295、296页。

② 分别参见杨福主编《甘肃武威西夏二号墓木板画》，重庆：重庆出版社，2000年；陈丽伶、余隋怀《武威西夏木版画的遗存及其特征》，《西北工业大学学报》（社会科学版）2008年第1期，第25页。

③ 参见蒲慕州《墓葬与生死——中国古代宗教之省思》，北京：中华书局，2008年，第205页。

生最早注意到古代镇墓文、买地券见载“蒿里丈人”“蒿里父老”其实就是武威西夏二号墓“蒿里老人”，[①]极具见地，惜未能对《西夏文物》的既有解说予以辨别，也未就此神煞进行详细考证。就有关古代“蒿里老人”的资料而言，无论是史料挖掘，还是研究认识，都需要给予更为深入的推进和开拓。

“蒿里老人”在东汉晚期的镇墓文中又被称为“蒿里伍长”[②]和“蒿里君”[③]。在两晋时期，“蒿里老人”在镇墓券中又被称作“蒿里父老”，如《晋某年（4世纪）蛇程氏葬父母镇墓券》记载：

> 告立之印，恩在墓皇、墓伯、墓长、墓令、丘丞、地下二千石、地下都尉、延门伯史、蒿里父老。[④]

南朝、五代、宋的镇墓文、墓葬祭神文、买地券中对蒿里老人的记载愈发常见，其代表性资料有《元嘉十年（433年）湖南长沙徐副墓券》：

> 宋元嘉十年太岁癸酉十一月丙申朔廿七任戌辰时。新出太上老君符敕：天一地二，孟仲四季，黄神后土，土皇土祖，土营土府，土文土武，土墓上墓下、墓左墓右、墓中央五墓主者，丘丞墓伯，

① 参见余欣《神道人心——唐宋之际敦煌民生宗教社会史研究》，北京：中华书局，2006年，第123页。

② 参见刘屹《敬天与崇道——中古经教道教形成的思想史背景》所引《东汉熹平二年十二月张叔敬镇墓文》，北京：中华书局，2005年，第261页。

③ 参见唐金裕《汉初平四年王氏朱书陶瓶》，《文物》1980年第1期，第95页。

④《书道全集》第三卷，东京：平凡社，1931年，第15、17页。转引自余欣《神道人心——唐宋之际敦煌民生宗教社会史研究》，北京：中华书局，2006年，第116页。

冢中二千石，左右冢侯，丘墓掾史，营土将军，土中都邮，安都丞，武夷王，道上游逻将军，道左将军，道右将军，三道将军，蒿里父老，都集伯伥，营域亭部，墓门亭长，天罡、太一、登明、功曹、传送随斗十二神等：荆州长沙郡临湘县北乡白石里男官祭酒、代元治黄书契令徐副，年五十九岁，以去壬申年十二月廿六日，醉酒寿终，神归三天，身归三泉、长安蒿里。副先人丘者旧墓，乃在三河之中，地宅侠窄，新创立此，本郡县乡里立作丘冢，在此山岗中。尊奉太上诸君丈人道法，不敢选时择日，不避地下禁忌，道行正真，不问龟筮，今已于此山岗为副立作宅兆。丘丞营域，东极甲乙，南至丙丁，西接庚辛，北到壬癸，上及青天，下座黄泉，东阡陌，各有丈尺，东西南北地皆属副。日月为证，星宿为明，即日葬送。板到之日，丘墓之神，地下禁忌，不得禁呵志讶，坟墓宅兆，营域冢郭，闭系亡者魂魄，使道理开通，丘墓诸神，咸当奉板，开示亡人道地，安其尸形，沐浴冠带，亡者开通道理，使无忧患，利护生人。至三会吉日，当为丘丞诸神言功举迁，各加其秩禄，如天曹科比。若有禁呵，不承天法，志志讶冢宅，不安亡人，依玄都鬼律治罪。各慎天宪，明永奉行。①

“蒿里父老”在这里与丘丞墓伯、冢中二千石、左右冢侯、营土将军、武夷王、道上游逻将军、三道将军、营域亭部、墓门亭长等一批神煞，共同接受太上老君的敕令为亡者“开示亡人道地”，否则就会被

① 王育成：《徐副地券中天师道史料考释》，《考古》1993年6期，第572页；刘屹：《敬天与崇道——中古经教道教形成的思想史背景》，北京：中华书局，2005年，第122、123页。

“依玄都鬼律治罪”。

上海市博物馆藏敦煌文献上博48（41379）《清泰四年（937年）曹元深为曹议金葬后谢墓祭神祝仪抄》同样对蒿里老人等墓葬神煞有着极为丰富的记述：

> 维大唐清泰四年岁次丁酉八月辛巳朔十九日己亥，孤子归义军行军司马、银青光禄大夫、检校国子祭酒、兼御史大夫、上柱国、谁（谯）郡曹元深等，敢昭告于后土地神祇、五方帝、五岳四渎、山川百灵、廿四气、七十二候、四时八节、太岁将军、十二时神、墓左墓右、守土冢大夫、丘承（丞）墓伯、四封都尉、魂门停（亭）长、地下府君、阡陌、游击、三丘五墓、家亲丈人；今既吉晨（辰）良日，奉设微诚，五彩信弊（币），金银宝玉，清酒肥羊，鹿脯鲜果，三屠上味。惟愿诸神留恩降福，率领所部，次第就座，领纳微献，赐以嘉福。主人再拜，行酒上香。奉请东方苍龙甲乙墓左之神，奉请南方朱雀丙丁墓前之神，奉请西方白虎庚辛墓右之神，奉请北方玄武壬癸墓后之神，奉请中央黄帝后土戊己墓内之神，奉请干、坤、震、巽、离、兑、坎、艮八卦神君，元曹、墓曲、墓录、墓鬼、殃祸、墓耗之神，童子、宝藏、金印、金柜、玉信、黄泉都尉、蒿里丈人，一切诸神等，各依率所部，降临就位，依次而坐，听师具陈。主人再拜，行酒上香。重启诸神百官等：今既日好时良，宿值天仓，主人尊父大王灵柩，去乙未年二月十日，于此沙州莫高乡阳开之里，依案阴阳典礼，安厝宅兆，修荣（营）坟墓，至今月十九日毕功葬了。当时良师巽（选）择，并皆众吉。上顺天文，下依地理，四神当位，八将依行，倾（顷）亩足数，阡

陌无差，麒麟、凤凰、章光、玉堂，各在本穴；功曹、传送，皆乘利道；金柜玉堂，安图不失；明堂秉烛，百神定职。加以合会天仓，百福所集，万善来臻。又恐营选之日，掘凿筑治，惊动地神，发泄上气，工匠不谨，触犯幽祇；或侵阴阳，九坎八煞，非意相妨；或罗天网。或犯魁罡，或惊土府，或越辛光，或逆岁时，横忏死祥。今日谢过，百殃消亡，死者得安，生者吉□（祥）。[①]

《宋淳祐三年（1243年）福州黄氏买地券》则直接将蒿里老人称为“神蒿里父老”：

维淳祐三年岁次癸卯朔二十二日甲子辰时末，以符告：天一地二，孟仲四季，黄泉后土，工文武，土历土伯，土星土宿，土下二千石，神蒿里父老，武夷山王，玄武鬼律，地女星照，今有大宋国福州怀安县人坐乡观凤里殁故黄氏五二孺人，元命丁亥四月二十五日午时受生，不幸于今年七月初十日酉时身亡，享年一十七岁。生居城郭，死居窀穸，音利吉方，于本县忠信里地名浮仓山，坤山坐丁向癸，利居安壙，用伸安厝此岗，更不迁移，不改村名，谨赍银钱壹万玖仟玖百玖拾玖贯文，分付地主张坚固、保人李定度卖得此山乙所，东至甲乙，南至丙丁，西望庚辛，北至壬癸，上至青天，下至黄泉，内至陈分壁。今以牲羊酒食其为信契，或有无道思神，不得干犯亡灵，先有居者，永避万里。若违此约，直符使者自当其

① 刘屹：《上博本〈曹元深祭神文〉的几个问题》，载国家图书馆善本特藏部敦煌吐鲁番学资料研究中心编《敦煌学国际研讨会论文集》，北京：北京图书馆出版社，2005年，第151、152页。

祸。保护亡魂安稳，荫佑生人平康。五帝使者奉太上敕，急急如律令。[①]

在以上的镇墓文或买地券中，蒿里老人有蒿里君、蒿里父老、蒿里丈人等多种称谓，并与丘丞墓伯、童子、武夷山王、黄泉都尉等庞大的神煞群体，共同构成了所谓“丘墓之神”。《赤松子章历》卷五更是明确指明“蒿里父老”等神煞均是“地狱所典主者”。因为承载着人们所期盼的“保护亡魂安稳，荫佑生人平康”信仰功能，所以“蒿里老人”俑也进入墓葬，成为古代墓葬中的明器之一。《宋会要辑稿》礼二九记宋太宗永熙陵和宋真宗永定陵中有“仰观、伏听、清道、蒿里老人、鲵鱼各一”。成书于金元时期的《大汉原陵秘葬经》之《盟器神煞篇》极为详尽地记录了历史时期天子、亲王至庶人墓葬中的各种明器与规制[②]，关于蒿里老人的就有天子陵墓所用明器中“蒿里老翁长五尺九寸，安西北角”，大夫以下至庶人墓内要求安置“蒿里老公，长一尺五寸，安堂西北角”。需加注意的是，成书于宋金间的《重校正地理新书》卷一五“送葬避忌·推五姓墓内神祇方位傍通”还记载了墓葬中蒿里老人一般摆放的具体位置：“丈人，去墓十二丈。”[③]此则史料提醒我们，“蒿里老人”“蒿里丈人”在古时又可简称作“丈人”，而这也正是敦煌各类术数文献中频繁出现的“丈人”。

① 陈进国：《考古材料所记录的福建“买地券”习俗》，《民俗研究》2006年第1期，第170、171页。

② 参见徐苹芳《唐宋墓葬中的“明器神煞”与“墓仪”制度——读〈读大汉原陵秘葬经〉札记》，《考古》1963年第2期，第88页。

③ [宋]王洙撰，[金]毕履道、张谦整理：《重校正地理新书》影印北大图书馆藏金刻本，《续修四库全书》子部“术数类”，第1054册，上海：上海古籍出版社，2002年，第116页。

通过以上墓葬材料与《赤松子章历》《大汉原陵秘葬经》《重校正地理新书》等文献的综合考索，甘肃武威西夏二号墓木板画“蒿里老人”的冥神性质殆无疑义，可谓系中国古代丘墓之神，即墓葬神祇之一，学术界早期将其考定为墓主人的观点无疑是错误的。

三、敦煌术数文献中“丈人”的相关书写

如果前文把“蒿里老人”多放置于中国古代墓葬视角中予以考察的话，那么同时也不应忽视了该神煞在地上世界的活跃。敦煌遗书中至少有“发病书”“卜法”“逆刺占”三种类型的术数书，就极为密集地记录到“丈人”。如法藏敦煌文献P.2865《发病书》“推年立法”载：

年立子，忌十一月五月，带此府（符）大吉。年立子黑色人衰，十一月□夜半时，五月午时，若其日时得病，十死一生，非其日时，不死。病者唯苦头痛，谈吐逆食不可下，胸胁疼痛，恍惚有时。祟在君、土公、丈人、司命、星死鬼，旦以大神食不净，病从南北因酒食中得，不死，子者，神后，天长女，主生人命，故知不死。病者忌五月十一月子午日。

年立寅，忌正月七月，带此府（符）大吉。年立寅青色人衰，正月寅日七月申日，若其日得病者，十死一生，非其日时，不死。病唯苦头痛，胸胁满，短气，见血，恍惚不食。祟在山神、树木(神?)、狂死鬼及断后兵鬼、不葬鬼所作，宅中有猪鼠怪，忧小口，及水上神明、丈人，急解之急。

年立辰，黄色人衰，带此符吉。三月九月辰戌日，若其时日病，十死一生，非其日时，不死。唯苦头痛，心腹胀满，腰背拄

强，手足不仁，身体热，卧不安，梦误颠到（倒），饮食不下，祟在树神、北君、司命、丈人、兵死无后鬼、东南土公不赛，令人失魂，病从西方，釜鸣为怪，不死。解之吉，忌三月九月辰戌日。

年立巳，忌四月十月，带此符大吉。〔赤〕色人衰，忌四月巳日十月亥日，若其时日时日得病，十死一生，非其日，不死。病者唯苦头痛，心腹满，日（咽）喉不利，乍寒乍热，饮食不下，手足烦疼，祟在社公及灶不赛，丈人、鸡狗为怪，六五日不吉，病者不死。忌十月四月亥巳日。

年立未，忌六月十二月，带此符吉。黄色人衰，忌六月未丑（衍）日十二月丑日，若其日时得病，十死一生，非其日时，不死。病者唯苦头痛，四支（肢）腰背咽喉不利，〔乍〕寒乍热，吐逆饮食不下，祟在社公、灶君、天神不赛，北君有言，遣绝后鬼、丈人、狗□□□□乍来去，朝差暮剧，祟在天神不赛，西南角土公所作，鬼兵、蛟（绞）死不葬鬼、溺死鬼，解之吉。

年立酉，带此符吉。〔白〕色人衰，二月卯日八月酉日，若其日时得病，十死一生，非其日时，不死。病者唯苦头痛，股中急，心下两胁痛，吐逆食饮不下，乍来乍去，手足烦疼，祟在天神、丈人，从外得之，北方有人惊动，宅神、无后鬼、狱死鬼，令人魂魄分散，解之吉。忌二月八月卯酉日。

年立戌，带此符吉。黄色人衰，九月戌日三月辰日，若其日时得病，十死一生，非其日时，不死。病者头目耳痛，孔穴不利，咽喉不通，吐逆不食，心腹胀满，身唤不眠，祟在丈人、土公、天神、星死不葬鬼、女子鬼祟病者，解之吉，不死。忌三月九月辰戌日。

Дх.01258 +Дх.01258V +Дх.01259 +Дх.04253V +Дх.01259V +Дх.04253 + Дх.01289+Дх.01289V+Дх.02977+Дх.02977V+Дх.06761+Дх.06761V+Дх.03165V+ Дх.03165+Дх.03829+Дх.03829V+Дх.03162+Дх.03162V《天牢鬼镜图并推得日法》亦有：

推得病日法，……未日病者，小厄，何以知之，未者□□天上娇女，主侍人命，故知小厄，病者头痛，乍寒乍热，祟在丈人、注鬼，解谢之吉。亥日小差，丑日大差，生死在卯日。女重男轻。申日病者，不死，何以知之，申者传送，天上主薄，注人命，故之（知）不死。病者头痛，手足心腹。祟在丈人、山□解之吉。子日小降，寅日大差。生死在辰。女轻男重。

敦煌写本《李老君周易十二钱卜法》（S.3724v），也记载道：

易曰，二文十缦，坎上离下，火土之卦，母子相生，祸害不起，卜身吉，病者差，祟是灶、丈人……

易曰，三文九缦，震上离下，火木之卦，□□有喜，田蚕大得，卜身吉，所求如意，囚系无罪，诉讼得通，蒙恩欣喜，病者不死，祟在灶君、丈人……

法藏敦煌文献P.2859《逆刺占一卷》系“州学阴阳子弟吕弁均本，是天复四载，岁在甲子浃钟润三月十二日，吕弁均书写也”，卷中也记述了对“丈人”的畏惧：

> 占十二时来法。子时来占，病苦腹胀热，丈人所作，坐祠不赛，病者不死，许乞土公。………卯时来占，病人苦胸胁，四肢不举，时祟在丈人、土公，急解之。辰时来占，病苦头、心闷、吐逆，坐犯东南土公、丈人来所，急谢解之。

诚如前文所述，“蒿里丈人”又可简称“丈人”，在以上敦煌各类术数文献出现的“丈人”，也正是古代墓葬中的“蒿里老人”。然而与在墓葬中“保护亡魂安稳，荫佑生人平康”的表现和职能不同，敦煌术数文献中的蒿里老人往往更多是与社公、树神、土公、灶君、星死鬼等神祇或枉死之鬼怪在一起，被人们视为遣祟致疾的病源。敦煌术数书认为蒿里老人作祟的方式一般包括以下三种：一是与各路神、鬼共同作祟（P.2865《发病书》），二是受北君等大神遣派作祟（P.2865《发病书》），三是率领或派遣诸鬼怪作祟（俄藏敦煌文献《天牢鬼镜图并推得日法》）。而在古人的思想认识中，必须借助向丈人等神祇献祭、解谢等仪式，方能使病家转危为安。

敦煌发病书、卜法书、逆刺占等各类术数文献对蒿里老人或者说蒿里丈人的丰富记述，表明古代人们对蒿里老人的崇信，并不仅仅存在于关涉死亡的墓葬地下世界，而且还广泛存在于涉及疾病健康的现实生活之中。镇墓文强调对蒿里老人等墓葬神煞“保护亡魂安稳，荫佑生人平康”的期盼，在墓葬资料和实践占卜实用文书中得到了完整的诠释。

四、“蒿里老人”信仰的医疗社会史背景

古人的思想观念中对冥界有着极为丰富复杂的想象和设计，两汉

以降普遍认为地下世界的结构组成应是人间社会的“翻版”，故而冥界也应有一套以泰山府君为象征中心的官僚体系。所以墓葬出土的镇墓文普遍记录的地下二千石相当于汉制的郡守，冢丞冢令相当于县之令丞，这些官名也大多是模仿汉代官制而设计，其中的父老、亭长等则相当于乡里的小吏。[①]就蒿里老人而言，余欣先生指出，此神虽然沉沦下僚，但职权甚重，可执行太上老君指令，斩杀妄图侵犯墓地之鬼神。[②]不过，翻版于乡间小吏的“蒿里老人”，缘何在冥界地府中拥有执事大权，并成为墓葬冥神冥器，学界此前惜未能阐述。

乡里作为中国古代社会最为基层的地方管理组织，存在时间极为持久，对古代的地方社会治理有着极为深远的影响。这主要是因为乡里组织的官吏虽职级较低，却与编户百姓直接打交道，经常担负着征收赋税、摊派徭役等各项重要事宜，因此乡官对基层社会百姓的现实生活与精神世界都有着相当的影响，以至于经常出现“但闻啬夫，不知郡县”的社会历史局面，王梵志诗《当乡何物贵》更是直接表达“当乡何物贵，不过五里官”的感慨[③]，这些无疑都是对乡官在地方影响力的形象表达。值得注意的是，在中国古代乡级管理体系中，乡老或曰三老系统一直长期存在并发挥重要行政功能，《通典·乡官》就此有详细介绍：

① 参见韦凤娟《从“地府”到“地狱”——论魏晋南北朝鬼话中冥界观念的演变》,《文学遗产》2007年第1期,第17页。

② 参见余欣《神道人心——唐宋之际敦煌民生宗教社会史研究》,北京:中华书局,2006年,第123页。

③ 项楚校注:《王梵志诗校注》卷二,上海:上海古籍出版社,1991年,第129页。

《周礼》有乡师、乡老、乡大夫之职，其任大矣。……秦制，大率十里一亭，亭有长；十亭一乡，乡有三老、有秩、啬夫、游徼。三老掌教化，啬夫职听讼，收赋税，游徼徼循禁盗贼。

汉乡、亭及官皆依秦制也。……至文帝十二年，又置三老及孝悌、力田，无常员。……

后汉乡官与汉同。……三老掌教化，凡有孝子、顺孙、贞女、义妇、让财、救患及学士为民式者，皆扁表其门，以兴善行。……

宋……十亭为乡，乡有乡佐、三老、有秩、啬夫、游徼各一人，所职与秦汉同。

大唐凡百户为一里，里置正一人，五里为一乡，乡置耆老一人，以耆年平谨者，县补之，亦曰父老。①

学术界目前普遍认为在古代乡里社会中，乡老、父老、耆寿多主管教化事宜。②但必须也要看到，在特定的社会环境和历史时期，乡老职权往往会超出学界既有的理解和认识，出现超越教化的举动。以晚唐五代敦煌归义军时期为例，在曹氏归义军中后期，敦煌县管辖十个乡，英藏敦煌文献S.1366《归义军衙内面油破历》载“十乡老面二斗、油一升”，说明乡老亦是归义军政权的基层乡官，为此归义军地方政权需向十个乡的乡老们供给面和油。法藏敦煌文献P.3633《辛未年（911年）七月沙州百姓一万人上回鹘天可汗状》记载张氏归义军张承奉建立的金山国被甘州回鹘打败后，“狄银令天子出拜，即于言约。城隍耆寿百

---

① [唐]杜佑：《通典·职官十五》，北京：中华书局，1988年，第922、923页。

② 参见李浩《论里正在唐代乡村中行政中的地位》，《山东大学学报》（哲学社会科学版）2003年第2期，第37页。

姓再三商量，可汗是父，天子是子。和断若定，此即差大宰相、僧中大德、敦煌贵族耆寿赍持国信、设盟文状，便到甘州”。此则材料展示出在敦煌归义军的政权体系中，乡老耆寿往往在处理地方政权的对外事务上同样发挥着积极作用，是地方政权建构社会秩序需经常仰仗的重要阶层。蒲慕州先生明确提出地下官僚所掌何事，大约亦比照地上之职掌。[①]中国古代墓葬中的“蒿里老人”“蒿里丈人”即为中国古代社会中乡老、父老、耆寿在地下世界的翻版，但由于中国传统基层乡老系统的重要作用，蒿里老人虽在地府职低，却因权重而对古人死后世界仍产生重要的影响。

敦煌多种术数文献有关蒿里丈人的丰富记述提醒学界，古代蒿里老人信仰背后的医史背景亦不应忽视，值得充分关注。神鬼作祟是中国古代社会普遍认可的病因观念，早在睡虎地秦简《日书》“病”篇中既已提出父母、王父、外鬼等为致病之祟的说辞。[②]在巫、医具有资源共享性的历史背景下，中古医学典籍有时也同样将神煞或鬼怪解释为民众染疾罹患的致病之源。如《肘后备急方》认为“凡五尸即身中尸鬼接引也，共为病害”，“年岁中有疠气兼挟鬼毒相注，名为温病”。[③]《诸病源候论》指出卒忤死候肇自“客邪鬼气卒急伤人”，鬼注候系因“忽被鬼排击”，毒注候源于“鬼毒之气”，注忤候起自“触犯鬼邪之毒气”，诸

---

① 参见蒲慕州《墓葬与生死——中国古代宗教之省思》，北京：中华书局，2007年，第207页。

② 睡虎地秦简《日书》甲种“甲乙有疾，父母为祟，得之于肉，从东方来，裹以漆器。戊己病，庚有间，辛酢。若不酢，烦居东方，岁在东方，青色死。丙丁有疾，王父为祟，得之赤肉、雄鸡、酒。……戊己有疾，巫堪行，王母为祟，得之于黄色索鱼、酒。……庚辛有疾，外鬼殇死为祟，得之犬肉，鲜卵白色。……壬癸有疾，毋逢人，外鬼为祟，得之于酒脯修节肉”。李零主编：《中国方术概观·选择卷》，北京：人民中国出版社，1993年，第25、26页。

③［东晋］葛洪：《肘后备急方》卷一，北京：人民卫生出版社，1983年，第18、19、37页。

注候乃“卒犯鬼物之精”所致，小儿注候导自“为鬼气所伤”。《范汪方》“治鬼疟方”更是罗列了市死鬼、缢死鬼、溺死鬼、舍长鬼、妇人鬼、厌死鬼、小儿鬼、客死鬼、盗死鬼、囚死鬼、寒死鬼、乳死鬼等多种致病鬼魅，[①]其中不乏某些鬼物与敦煌《发病书》所记完全相同。

《礼记·祭法》称“人死曰鬼”，“鬼有所归，乃不为厉”，出于以上对死后世界的认识和理解，古人多希望进入地下世界的亡者能够“亡魂安稳”，正是鉴于乡老耆寿在古代地方基层发挥着稳定社会秩序的重要职能，所以把维护冥界社会秩序稳定的希望同样寄托在包括蒿里老人在内的地府官僚。《赤松子章历》卷五即反复强调“丘丞、墓伯、地下二千石、苍林君、武夷君、左右冢侯、地中司激、墓卿右秩、蒿里父老，诸是地狱所典主者”，同时要求各位冥神要“严加断绝某家冢讼之气，复注之鬼”。所谓冢讼，主要是古人认为亡人因种种原因，在冥界发动针对生人的各种诉讼，一旦冢讼发生，会造成活在世间的生人患病；所谓复注之鬼，则是指鬼注，被时人认为是一种严重的传染性疾病，同样会严重影响生人的生命安全，即《肘后备急方》卷一所言：“尸注鬼注病者，葛云：即五尸之中尸注又挟诸鬼邪为怪也……死后复传之旁人，乃至灭门。”这样一来，以蒿里老人为代表的地府官僚自然就被认为可以成为掌控冥界众鬼的关键，成为确保人鬼隔绝、人鬼分离的重要保障，否则诸如“冢讼”“鬼注”等危害地上生者生命健康的各类危险就会产生。而在古人的精神世界中，冥界地府与现实人间一样，同样有着人情世故。所以敦煌发病书等术数文献反复提醒，一旦丈人等神祇“索食祀祭不了”，就会通过不同途径和方式向人间社会遣

① 引自[日]丹波康赖著，高文铸等校注：《医心方》，北京：华夏出版社，1996年，第295、296页。

祟致疾。只有举行类似清泰四年（937年）曹元深为曹议金葬后谢墓祭的仪式，向庞杂的冥界神祇进行献祭，也就是“奉设微诚，五彩信弊（币），金银宝玉，清酒肥羊，鹿脯鲜果，三屠上味”，才能实现“死者得安，生者吉祥”的理想生活状态。其中对蒿里老人的不敬更是极度危险的，《地理新书》卷一五《送葬避忌》即强调：“丈人，去墓十二丈，犯之，主贫困，少子息。”①

蒿里老人信仰关乎生者生命健康的观念，影响至深，一直持续到近世。顾颉刚先生在20世纪20年代考察北京东岳庙时，就注意到这座建成于元英宗至治二年（1322年）的东岳行宫中有蒿里丈人祠堂。②笔者2012年赴现场考察时发现，至今祠堂正中端坐与武威西夏二号墓木板画“蒿里老人”相似一长者，中挂有“蒿里丈人”牌匾，门联左右各书写“修镇崇道惠泽苍黎”与“采药疗厨普济世众”，堂内蒿里丈人像头顶横披“悬壶在世”四字。这一历史遗存，充分印证了敦煌发病书等术数文献所透露出古代蒿里老人信仰具有医史背景的信息。武威西夏二号墓中的冥器“蒿里老人”木板画，无疑也具有同样的信仰功能。

另，笔者2015年在陕西历史博物馆考察时，发现馆藏有一件与武威西夏墓木板画“蒿里老人”形象相同的木偶，陕西历史博物馆定名为“老人木偶”，笔者认为此件人偶很可能就是冥神“蒿里老人”，换句话说，“蒿里老人”的人格化表达应是历史时期的普遍现象，而非武威西夏墓葬所独有，北京东岳庙蒿里丈人祠堂就很好地表明了这一点。

---

① [宋]王洙撰，[金]毕履道、张谦整理：《重校正地理新书》，影印北大图书馆藏金刻本，第116页。

② 王煦华编选：《顾颉刚选集》，天津：天津人民出版社，1988年，第391页。

第十一章　敦煌汉、藏文乌鸣占书与武威西夏木板画“太阳”互证研究

一、“太阳”木板画文物概况

武威西夏二号墓出土有20多件彩绘木板画，其中一件绘制于圆圈之中的三足乌（日轮），其下有卷云依托，画板长15厘米、宽7厘米，侧面墨书汉字题记“太阳”（见图1）。宁笃学先生、钟长发先生、史金波先生、陈炳应先生、陈育宁先生等对此件木板画均有介绍，[①]于光建先生从考古学视角出发，着重通过与河西地区魏晋壁画墓的比较，解决了该图像的墓葬神煞性质，推动了学界对此件木板画的了解。[②]但以三足乌为代表的“太阳”缘何能够进入墓葬、成为冥神，以及墓葬中“太阳”的具体象征观念来源，其意蕴为何？学界目前对以上问题总体上失之笼统，言之不详，相关立论尚未见之。因此，有必要借助包括敦煌文

① 宁笃学、钟长发：《甘肃武威西郊林场西夏墓清理简报》，《考古与文物》1980年第3期，第63—67页；陈炳应：《甘肃武威西郊林场西夏墓题记、葬俗略说》，《考古与文物》1980年第3期第214—220页；史金波、白滨、吴峰云编著：《西夏文物》，北京：文物出版社，1988年，第297页；陈育宁、汤晓芳：《西夏艺术史》，上海：生活·读书·新知三联书店，2010年，第125页。

② 于光建：《武威西夏墓出土太阳、太阴图像考论》，《宁夏社会科学》2017年第3期。

献在内的更多资料，从文献学、历史学视角综合予以进一步探绎，而这些问题的厘清，将有助于更为深入地考察和认识武威西夏二号墓的墓葬文化特质以及历史时期汉、吐蕃、西夏的文化联系。

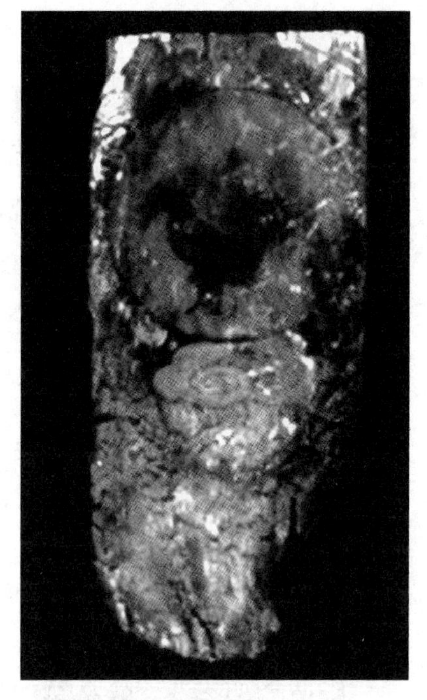

图1　武威西夏木板画“太阳”，图片取自《甘肃武威西夏二号墓木板画》

二、“太阳”木板画的冥器性质

成书于金元时期的《大汉原陵秘葬经》中的《盟器神煞篇》，详细记录了古代丧葬礼制中天子、亲王至庶人墓葬中的各类冥（明）器与规制，[①]在其“天子山陵用盟器神煞法”“亲王盟器神煞法”“公侯卿相盟器神煞法”等三则子目中均记录“太阳”和对应的“太阴”，如：

> 公侯卿相盟器神煞法：十二元辰，长二尺二寸，安十二方位。五精石，五方折五星。五方呼将，长二尺四寸，安五方。天关两个，长二尺二寸，安子午地。地轴两个，长二尺二寸，安卯酉地。仰观伏听，长二尺九寸，安埏道中。祖司祖明，长二尺二寸，安墓堂后。棺前安四夫人，四尚书，二仆射，各长二尺二寸。墓门口安

① 参见徐苹芳《唐宋墓葬中的“明器神煞”与“墓仪”制度——读〈读大汉原陵秘葬经〉札记》，《考古》1963年第2期，第88页。

合门使二人，舍人二人，各长二尺五寸。棺东安客司四人，茶酒司四人。棺西安食厨司五人，设帐司五人，各长二尺三寸。堂后后安三夫人，长二尺五寸。每宫任女二人，长一尺二寸。棺东安仪鱼，长二尺三寸。西北安青松，长二尺三寸。棺南安仪瓶，一尺九寸。正南偏西，安五谷仓，高二尺二寸。当圹、当野，长二尺三寸，安埏道口。金鸡高，二尺二寸，安酉地。玉犬，高二尺二寸，安戌地。方相神，长一尺八寸，五彩结之。墓龙，长四尺，安辰地。玉马，长四尺，高二尺，安午地。金牛，长四尺，高二尺，安丑地。蒿里老公，长二尺三寸，安西北角上。三浆水安棺后。铁猪，重七十斤，安亥地。太阳、太阴，圆一尺二寸，安东南西南。

所谓“盟器”，就是冥（明）器，《孔子家语·曲礼公西赤问》：“其曰盟器，神明之也。”《孔子家语·曲礼子夏问》：“夫以盟器，鬼器也。”《盟器神煞篇》中“太阳”等均为以冥器形态出现的墓葬神煞——冥神。武威西夏二号墓出土的彩绘木板画“太阳”即为圆形，结合其题记，可以明确此件木板画即承载冥神“太阳”的冥器。

武威西夏木板画“太阳”内绘三足乌的日轮图像较早出现在汉墓帛画中，其后与“太阴（月轮）”等图像组合大量绘制于河西地区的魏晋墓葬壁画上，[①]常和东王公、西王母或伏羲、女娲图像搭配成组出现，其冥神的身份可以说在汉晋时期即已形成。除甘肃武威西夏墓外，目前墓葬考古发现最晚的冥器“太阳”均出土于四川的宋墓，[②]其形象则

① 郭永利：《河西魏晋十六国壁画墓研究》，兰州大学2008年博士学位论文，第111页。

② 吴敬：《关于成都地区宋代墓葬出土陶俑的几点认识》，《四川文物》2010年第6期，第65—67页。

演变为手持“日轮”的男性人形陶俑，对应的还有手持“月轮”的女性人形俑。以上考古发现的壁画、木板画、陶俑之“太阳”，其形象为包括《大汉原陵秘葬经》在内的历史文献所不载，从而为今人了解古代冥器“太阳”提供了丰富而生动的珍贵实物资料。

三、从鸟到神：敦煌乌鸣占书视野下的三足乌神格形成与信仰功能研究

《大汉原陵秘葬经·盟器神煞篇》强调“凡大葬后，墓内不立盟器神，亡灵不安，天曹不管，地府不收，恍惚不定，生人不吉，大殃咎也”。墓葬冥器在信仰上主要发挥保护亡魂安稳的功能，如“蒿里老人”即人间维护地方社会秩序基层官吏的翻版，那么“太阳”的信仰观念究竟为何？于光建先生提出武威西夏木板画图像被赋予镇墓辟邪的作用，固然不错，但对以“太阳”为代表的各类冥器如何体现其镇墓的功能问题，均未有详尽说明。就冥神“太阳”而言，笔者认为日轮中“三足乌”神格特点与信仰功能的厘清是解决上述问题的关键。

三足乌被借指太阳，源于古代传说有三足乌居于太阳之中，《淮南子·精神训》：“日中有踆乌，而月中有蟾蜍。”高诱注：“踆，犹蹲也。谓三足乌。”而金乌的首个神格身份是为西王母取食的给使之鸟，《史记·司马相如列传》：“载胜而穴处兮，亦幸有三足乌为之使。”张守节正义引张楫曰：“三足乌，青鸟也，主为西王母取食。”三足乌的原型无疑是自然界的乌鸦。自两汉至唐宋时期，乌鸦的文化意蕴愈加丰富和多元，一方面被赋予鲜明的伦理色彩，被时人称为“孝鸟”，另一方面其占卜预言的信仰功能不断凸显。学界以往多将乌鸦能卜善占的原

因归结为其长期承载神话传说而具有神异的文化特质，[①]笔者认为以上解说仍未切中关键。敦煌藏经洞出土的一批汉、藏文乌鸣占书为解决这一问题提供了重新讨论的重要契机。

敦煌遗书中的乌鸣占书，保存有汉、藏两种语言形式，亦是学界关注较早的一类文本。自20世纪初以来，国内外学者巴考、劳费尔、茅甘、王尧、陈践、杨士宏、黄正建、陈楠、房继荣、赵贞等，均对敦煌汉、藏文乌鸣占书予以专门研究和整理。目前业已刊布和释读的敦煌本乌鸣占书，有汉文本P.3479、P.3988、P.3888、Дx.6133四件和藏文本P.T.1045、P.T.1048、P.3896V、I.O.747四件。[②]在既有研究中，敦煌汉、藏文乌鸣占书的各自源流及关系问题，是学术界长期关注的问题，为此学界等作了不懈努力和有益探讨，提出了敦煌藏文本乌鸣占书可能源自汉文乌鸣占书的推论，但遗憾的是学界此前未能提出关键证据予以彻底解决这一百年学术问题。笔者按：法藏敦煌藏文本P.T.1045《乌鸣占》是学术界尤其是藏学界关注较为集中的藏文占卜文献之一，首尾完整，学术价值极高。此件卷首八行藏文文字，藏学界认为系其下乌鸣占法表的序言，其汉译文如下：

> 乌鸦本是人怙主，尊神派遣到地方。羌塘草原牦牛肉，天神使者好祭享。叫声传达尊神旨，八面上空九方向。三种叫声表神意，祭品多玛快奉上，神鸟乌鸦享用光，如祭尊神一个样。乌鸣并非尽前兆，吉凶尚需辨征兆。占卜大师具申通，执行神意鸟帮忙。祈福

① 杨军：《中国古代乌鸦信仰述略》，《陕西师范大学继续教育学报》2004年第2期，第38页。

② 房继荣：《敦煌本乌鸣占文献研究》，兰州：甘肃人民出版社，2016年，第11—27页。

消灾有法术，叫声之中吉凶藏。六种羽毛六翅膀，高高神境任飞翔。耳聪目明多灵光，了然天神在何方。传达神意唯鸣唱，虔诚相信莫彷徨。八方上空九方向，咙咙之声表吉祥；嗒嗒之声应无恙。喳喳之声有急事；啅啅之声示财旺；依乌依乌危难降。①

敦煌汉文本P.3479《乌占习要事法》、P.3988《乌占习要事法抄等》（拟）因卷首残缺，尚不明了是否亦有类似序言，同时，Дх.6133《祭乌法》虽有乌鸣恶声、喜声的占辞，然远不如P.T.1045所载“咙咙之声”“嗒嗒之声”“喳喳之声”“啅啅之声”“依乌依乌”之具体。序言之后为乌鸣占表格，此表的整体布局与汉文本几乎完全一致，只不过多出一行有关在九个方位上供施多玛仪轨的占辞。②据文义，该仪轨的主要目的是在出现凶兆之时，通过供奉祭品“多玛”予以厌禳，以求转危为安。敦煌汉文本Дх.6133《祭乌法》亦有祭祀之说：“常以每月十六日，广与食饮饼物饲之，大吉。……焦贡曰：别法，当与建卯之月二日取大豆二升和煮作饭，又别煮牛乳生米少许，又安息香少许，散于豆饭上。”在祭品种类上，两者都有安息香、牛乳、稻米，然P.T.1045中的“白芥籽”“鲜花”“肉”则未见于汉文本。乌鸣占表格中的占文，陈楠教授业已将其与汉文本进行了详细比较，在此不赘。

综合来看，敦煌藏文本乌鸣占书与汉文本乌鸣占书的内容文例比较

---

① 陈楠：《敦煌藏汉乌卜文书比较研究》，载《敦煌吐鲁番研究》第十卷，上海：上海古籍出版社，2007年，第348、349页。

② 陈楠教授汉译文如下：“东方占凶时，供施牛奶；东南方占凶时，供施白芥子；南方多占凶时，供施净水；西南方占凶时，供施白芥子；西方占凶时，供施肉；西北方占凶时，供施花朵；北方占凶时，供施安息香；东北方占凶时，供施稻米；天空上方占凶时，供施粟米。”陈楠：《敦煌藏汉乌卜文书比较研究》，载《敦煌吐鲁番研究》第十卷，上海：上海古籍出版社，2007年，第349—355页。

接近，但唐宋时代的汉文乌鸣占书是否也存有序言，这是学界一直未能解决的问题。幸运的是，笔者发现流行于明清时期的《玉匣记》引有《鸦鸣鹊噪方向》，其中的卜辞表格不仅与敦煌汉、藏文乌鸣占书基本一致，而且在表格之前亦保存有一段序言：

> 凡鸦鹊之鸣，有呼群唤子者，有夺食争巢者，其音相似，难以一概占之。其鸣向我者，异于常鸣者，是神使之报也，是以占之，无有不验。经曰：鸦鹊不为世俗鸣，乃因有德者鸣之，以报吉凶。凡占，先看何方飞鸣而来，却看鸣时是何时辰，然后断之，吉凶如响。①

《玉匣记·鸦鸣鹊噪方向》的发现，充分表明古代汉地完整的乌鸣占书是包括序言的，而且该序言与敦煌藏文本P.T.1045《乌鸣占》序言在文义上颇为接近，都是阐明乌鸦叫声具有传达神意、预卜吉凶的功能，最为重要的是两者在认同乌鸦是“神使”身份的表述上具有高度一致性，如《玉匣记·鸦鸣鹊噪方向》强调“其鸣向我者，异于常鸣者，是神使之报也”，P.T.1045《乌鸣占》亦反复强调乌鸦是“尊神派遣到地方。羌塘草原牦牛肉，天神使者好祭享。叫声传达尊神旨，八面上空九方向”。王尧先生曾认为敦煌藏文本乌鸣占书是吐蕃社会鸟卜习俗的反映，②但作者所依据的东女国“鸟卜”史料记述，即通过解剖飞

---

① ［东晋］许真人《增补完全玉匣记》，北京：中医古籍出版社，2012年，第335、336页。

② 王尧、陈践：《敦煌吐蕃文书论文集》，成都：四川民族出版社，1988年，第96—102页。

鸟、观察其腹内粮食情况以卜农业丰歉的文化形态，[1]与敦煌藏文本乌鸣占书将乌鸦尊为“天神使者”和以叫声占卜吉凶的记录完全不能匹配，所以敦煌藏文本中的乌鸣占绝不是吐蕃地区流行的“鸟卜”。那么乌鸦究竟是信仰世界中谁的使者？“天神”究竟是汉地之神还是吐蕃之神？白居易的《和大觜乌》为彻底解决这一问题提供了珍贵线索：“老巫生奸计，与乌意潜通。云此非凡鸟，遥见起敬恭。千岁乃一出，喜贺主人翁。祥瑞来白日，神圣占知风。阴作北斗使，能为人吉凶。此乌所止家，家产日夜丰。上以致寿考，下可宜田农。”[2]该诗明确表明乌鸦是唐人信仰世界中的“北斗”使者！这一观念有明确的来源和经学背景，即在古代谶纬文化中乌鸦和玉兔等均被理解为北斗之星气。《太平御览》引《春秋运斗枢》佚文“摇星散为乌”，俄藏敦煌谶纬文献Дx.11051A+11051B《春秋运斗枢抄》也记载“维星得，则日月光，乌三足，礼仪修，物类合”。《艺文类聚》引《春秋运斗枢》曰“玉衡星散而为兔”。

北斗信仰在中国古代汉文化中有着极为久远而又重要的影响，近人往往认为北斗注死、南斗注生，但经学界研究，北斗在信仰功能上其实是集“注死回生”为一体。韦兵先生即明确指出：“南斗在古代天文学中地位远不如北斗，道教南斗受生观念是从北斗受生中演化出来的，其本原仍是与周秦北斗受生观念一脉相承。”[3]英藏敦煌文献S.2404《后唐同光二年甲申岁（924年）具注历日并序》为归义军时期敦煌历法大

---

①《隋书·西域传·女国》载：“俗事阿修罗神，又有树神，岁初以人祭，或用猕猴。祭毕，入山祝之，有一鸟如雌雉，来集掌上，破其腹而视之，有粟则年丰，沙石则有灾，谓之鸟卜。”

② 谢思炜：《白居易诗集校注》，北京：中华书局，2006年，第 227 页。

③ 韦兵：《道教与北斗生杀观念》，《宗教学研究》2005年第2期，第139页。

图2 S.2404之《葛仙公礼北斗法》，图片取自IDP

家翟奉达撰写，其序言记“谨按《仙经》云：若有人每夜志心礼北斗者，长命消灾，大吉”。随后是上下而列的两幅图。上图正上方绘北斗七星，中间左侧为一博衣广袖、手持笏板的官者，其身后立侍从一人；图右下方一士人跪于地向官者祷拜。图下题有“葛仙公礼北斗法：昔先公志心每夜顶礼北斗，延年益算；郑君礼斗官，长命，不注刀刃所伤”。（见图2）

在重获新生的功能上，北斗的“注死回生”对其他文化体系也形成了强大的向心力，如佛教进入中土后就不断地将北斗信仰极力拉入自身体系之中。著名北凉石塔中的高善穆塔，塔肩周开八龛，内浮雕结跏坐佛七身、交脚菩萨一身，由残存的造像题记可知，这七佛一菩萨造像题材是过去七佛与弥勒，即维卫佛、式佛、随叶佛、枸楼秦佛、拘那含牟尼佛、迦叶佛（以上为过去佛）、释迦牟尼佛（现在佛）、弥勒佛（未来佛），而塔盖之上清楚地阴刻北斗七星。①佛教文献对其同样多加宣说，《北斗七星护摩秘要仪轨》记“说是一字顶轮王召北斗七星供养护摩之仪则，为供养者，令共属命星数削死籍还付生籍”，《佛说北斗七星延命经》也游说“若贵若贱大小生命，皆属北斗七星所管。若闻此经受持供养转读，劝于朋友亲族骨肉受持者，现世获福后世得升天

① 殷光明：《敦煌壁画艺术与疑伪经》，北京：民族出版社，2006年，第60页。

上。若善男子善女人，或先亡过者堕于地狱，或受种种苦楚，若闻此经信敬供养，即得先亡离于地狱，生于极乐世界”。《梵天火罗九曜》载“但以亥时面向北斗，至心祭拜本命星。……葛仙公礼北斗法，镇上玄元北极北斗，从王侯及于士庶，尽皆属北斗七星，常须敬重，当不逢横祸凶恶之事，遍救世人之衰厄，得延年益算无诸灾难”。

虽然敦煌出土藏文骰卜文书中提及了北斗，但目前没有证据表明北斗是吐蕃人原始崇拜的神灵，更没有证据显示吐蕃传统文化中存有乌鸦系北斗使者的记录。但在敦煌地区的吐蕃移民却对北斗有着极为虔诚的信仰。敦煌藏经洞出土了三件以北斗信仰为命理基础的藏文本《推十二时人命相属法》，一件是法国国立图书馆庋藏P.T.127，另外两件是英国印度事务部图书馆所藏斯坦因敦煌藏文写卷I.O.741/ch.80.IV、I.O.748/ch.80.IV.h。20世纪70年代，法国学者麦克唐纳夫人最早介绍了P.T.127与I.O.748/ch.80.IV.h两件写本，[①]近来罗秉芬、刘英华、陈践以及笔者对P.T.127相关内容加以释录，极大推动了学界对敦煌藏文术数文献的认识。[②]敦煌藏文本《推十二时人命相属法》主要根据汉文本《推十二时人命相属法》改编而成，并清楚地记录了敦煌吐蕃移民如何藉助北斗“注死回生”的信仰功能来表达寓居敦煌的合法性，如：

羊年生人，北斗七星中有“郭囊僧旺”星，即南方赤帝之子，

① 参见MacDonald，*Une Lecture des P.T.1286，1287，1038，1047 et 1290*.In Etudes Tibétaines. Paris：Adrien Maisonneuve，1971，p.284. 中文论著参见［法］麦克唐纳著，耿昇译、王尧校《敦煌吐蕃历史文书考释》，西宁：青海人民出版社，1991年，第123、124页。

② 参见罗秉芬、刘英华《敦煌本十二生肖命相文书藏汉文比较研究——透过十二生肖命相文书看汉藏文化的交融》，载《安多研究》第2辑，北京：民族出版社，2006年，第1—27页。陈于柱：《区域社会史视野下的敦煌禄命书研究》，北京：民族出版社，2012年，第137—144页。

前世于东方之东普其果修成神法，但半夜被打乱，故降生羊年；命相属热达先星之鳖（乌龟，即玄武）腹下，俸粮每日豌豆半克，衣着及服药宜红色；不施大毒计，傲慢，面临危险，灾害将至；十九岁、三十三岁有大厄，如那时不死，可活到九十九岁，最终五子成器；羊牛不合，季夏月、季冬月不宜探病与吊唁。（P.T.127《推十二时人命相属法》）

汉文化传统的北斗信仰同样对回鹘社群也产生重要影响，吐鲁番出土的一件回鹘文写本，也记载了同类内容：

eng’ ilki（t）amlūang atlγ yultuz ol. vū–sï bu ärür. küškü yïl–lïγ kiši bu yultuz–γa sanlïγ toγar.（TTT VII 14. 4~8）

首是贪狼星。其符如此。鼠年生人属之。

ikinti kumunsi atlγ yultuz ol. vū–sï bu ärür. ud yïl–lïγ，tonguz yïl–lïγ kiši bu yultuz–γa sanlïγ toγar.（TTT VII 14. 13~17）

二是巨门星。其符如此。牛年生人属之。

ü□ün liusun atlγ yultuz ol. vū–sï bu ärür. tavïšγan yïl–lïγ，taqïγu yïl–lïγ kiši bu yultuz–γa sanlïγ toγar.（TTT VII 14. 24~28）

三是禄存星。其符如此。鼠虎及狗年生人属之。

törtun□ yunkiu atlγ yultuz ol. vū–sï bu ärür. kü kü yïl–lïγ ki i bu yultuz–γa sanlïγ toγar.（TTT VII 14. 35~39）

四是文曲星。其符如此。兔年及鸡年生人属之。

bišin□ lim□in atlγ yultuz ol. vū–sï bu ärür. lū yïl–lïγ，bi□in yïl–lïγ kiši bu yultuz–γa sanlïγ toγar. （TTT VII 14.45~49）

五是廉贞星。其符如此。龙年及猴年人属之。

altïn□ vukūatlγ yultuz ol. vū-sï bu ärür. qoin yïl-lïγ，yïtlan yïl-lïγ kiši bu yultuz-γa（sa）nlïγ toγar.（TTT VII 14. 55~59）

六是武曲星。其符如此。羊年及蛇年生人属之。

yit［ïn□ pakunsi］atlγ yultuz ol. vū-sï bu ärür. yunt yïl-lïγ kiši bu yultuz-γa（sanlïγ toγar）（TTT VII 14. 65~69）

七是破军星。其符如此。马年生人属之。

［säkiz-ïn□……atlγ yultuz ol. vū-sï bu ärür］Tonguz yïl-lïγ kiši bu yultuz-γa sanlïγ toγar.（TTT VII 14.75~79）

［八是左辅星。其符如此］。猪年生人属之。

［toquz-un□……］ atlγ yultuz……（TTT VII 14. 86）

［九是右弼］星……①

正是由于拥有北斗信仰的强大背景，作为北斗使者的乌鸦也被唐人奉为家神，元稹《春分投简阳明洞天作》记“雕题虽少有，鸡卜尚多巫。乡味尤珍蛤，家神爱事乌”。《大嘴乌》诗中也提到“专听乌喜怒，信受若神龟”。

至此，学术界百年来未能解决的问题终于得以澄清，即：敦煌汉、藏文乌鸣占书中乌鸦的神使身份与信仰功能，均来源于中原古老汉文化中久远而具有重要影响力的北斗信仰，正是基于这一关键要素以及两者内容结构的近同性，笔者确定，敦煌藏文本乌鸣占书并非吐蕃文士所自创或受印度文化影响，而是根据唐宋时代流行的汉文本乌鸣占

① 杨富学:《回鹘文献与回鹘文化》,北京:民族出版社,2003年,第262页。

书编译而成，并适时地增添了一些吐蕃文化因子。

以上问题的彻底解决，也顺带厘清了武威西夏木板画“太阳（三足乌）”能够进入墓葬的缘由。由于被古人视作北斗之星气，乌鸦借此神格成为北斗的使者，从而拥有了能为人吉凶的预卜功能和被古人视作护佑生命的家神身份，可谓“上以致寿考，下可宜田农”，加之古史中长期流行的三足乌系西王母取食之鸟传说，使得以上功能和身份不断得到巩固深化，并借助北斗信仰的强大向心力一跃成为古代社会多个族群信奉和敬畏的对象。值得注意的是，北斗同时也是秦汉至宋元汉文化中雷法系统与信仰的重要组成，道教认为得其雷法者可“驱雷役电，祷雨祈晴，治祟降魔，禳蝗荡疠，炼度幽魂”，[1]墓葬正属于炼度幽魂的范围，因此在葬墓时把作为代表北斗的金乌神使放置墓中，其意在练度幽魂，以保护亡者免受邪魔精怪的侵扰。包括武威西夏木板画“太阳（三足乌）”在内的一批同类图像和陶俑出现在汉晋至宋元时代的墓葬之中，其历史背景、文化意蕴与信仰功能即在于此。

①《道法会元》卷六七，《道藏》第29册，文物出版社、上海书店、天津古籍出版社，1996年，第213页。

第十二章　敦煌写本葬书与武威西夏木板画“金鸡”“玉犬”互证研究

敦煌写本葬书主要是指与丧葬择吉有关的占卜术数文献，与宅经共同构成了术数对阴阳两界生活区的关照。敦煌遗书中的葬书类文献包括了P.2534、S.12456、S.10639、P.2831、P.2550、P.4930、S.2263、S.3877、P.3647、Φ279、上图017（812388）、P.3028、S.5645。黄正建先生最早对敦煌本葬书进行了全盘考察，金身佳《敦煌写本宅经葬书校注》、关长龙《敦煌本数术文献辑校》是目前比较完整释录敦煌本葬书的著作。敦煌写本葬书资料中P.2534《阴阳书·葬事》首缺尾全，相继存“冬择日第十一”“立成法第十二”“灭门大祸日立成法第十三”等篇目，尾题“阴阳书卷第十三　葬事”。根据《旧唐书》记载，唐太宗曾一度认为当时的《阴阳书》“穿凿既甚”，命吕才等人予以刊正，勒成五十三卷。遗憾的是《阴阳书》未有传世者，因此法藏敦煌文献P.2534《阴阳书·葬事》具有极高的学术价值。此件所存的三则篇目中，“冬择日第十一”主要介绍各月中的金鸡鸣、玉狗吠日，以求“次日葬及殡埋神灵安宁”，但卷中的“金鸡”“玉犬”究竟为何？学界对这一问题长期未能厘清。甘肃武威西郊林场西夏二号墓出土的木板画“金鸡”

“玉犬”则为上述问题的解决提供了鲜活的实物资料和图像信息，因此开展双方的图文互证，有助于进一步推动彼此的研究不断向纵深发展。

一、“金鸡玉犬”木板画的冥器性质

武威西夏二号墓出土的29块木板画中，有两块木板画分别图绘了“鸡”与“犬”的形象。前一木板画的侧面墨书“金鸡”二字（见图1）；后一木板画为一卧狗，以浅白色为主色，朱红点睛和舌，因木板腐朽而未见相关题记（见图2）。[①]

图1 “金鸡”，图片取自《西夏艺术史》

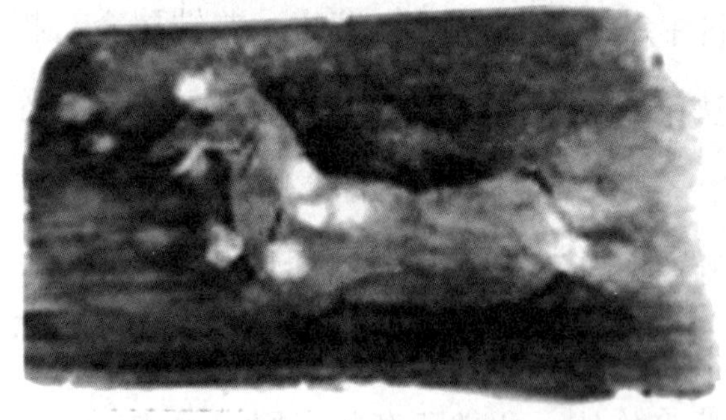

图2 “玉犬”，图片取自《西夏艺术史》

陈育宁、汤晓芳两位学者最早对这两幅图像进行探究，认为“画中动物有鸡、狗、马，没有牛、羊、骆驼，说明当时凉州地区的经济生活以农业为主。这些画又是西夏官员生活的真实写照”[②]，似意鸡、犬木板画是西夏凉州地区家畜家禽在墓葬中

① 宁笃学、钟长发:《甘肃武威西郊林场西夏墓清理简报》,《考古与文物》1980年第3期,第63—67页。

② 陈育宁、汤晓芳:《西夏艺术史》,上海:生活·读书·新知三联书店,2010年,第126页。

的反映。这一观点是学界对以上两幅图像所作的首次解释，有开创之功，但其认识仍停留在对图像的表面理解，未能深入阐释其内在历史意蕴。笔者认为武威西夏二号墓出土的鸡、犬木板画实是中国古代墓葬中的冥器“金鸡”和“玉犬”。

此前墓葬考古发现的金鸡和玉犬，大多分布在南方江西、广东等地的宋元墓葬中。如江西南丰北宋墓葬中的金鸡、玉犬俑，金鸡羽尾上扬，俑昂首张嘴，俑的底座下墨书“金鸡”二字；犬俑与武威西夏墓中的狗的形象接近，翘首、四肢平伏作曲卧状，俑的底座墨书“玉犬”。[①]江西临川南宋墓出土鸡、犬俑各两件，金鸡呈高冠长尾状，玉犬呈四肢伏地状。[②]江西高安元墓也出土有金鸡和玉犬俑，两者动作神态与前面出土的同类陶俑完全一致。[③]广东海康元墓极为重要，该墓出土有砖刻的金鸡和玉犬，并在图像的上方分别阴刻“金鸡”“玉犬”等题铭。[④]武威西夏二号墓出土的鸡、犬木板画，就其图像本身而言，与以上墓葬出土的金鸡、玉犬俑完全一致，既然其中一幅墨书“金鸡”的题记，那么另一幅绘制犬的木板画必应是“玉犬”无疑。

《大汉原陵秘葬经》是成书于金元时期的一部重要典籍，其中的《盟器神煞篇》详细记录了当时天子、亲王、庶人墓葬中各种冥器、墓葬神煞的规制，文中有就针对不同阶层身份设计的金鸡、玉犬冥器的不同规格，如天子为“金鸡长二尺二寸，安于酉地。玉犬一只，长二

① 江西省文物工作队、南丰县博物馆:《南丰县桑田宋墓》,《江西历史文物》1986年第1期,第124页。

② 临川县文物管理所:《临川温泉乡宋墓》,《江西历史文物》1986年第2期,第331页。

③ 冯晋仁:《俑》,贵阳:贵州人民出版社,1998年,第40页。

④ 曹腾骓、阮应祺、邓杰昌:《广东海康元墓出土的阴线砖刻》,载《考古学集刊》(2),北京:中国社会科学出版社,1982年,第175页。

尺二寸，安戌地”。亲王为“金鸡一个，高一尺二寸，安酉地。玉犬一只，高一尺九寸，安戌地”。公侯卿相为“金鸡高二尺二寸安酉地。玉犬高二尺二寸安戌地”。大夫以下至庶人则是“金鸡高一尺二寸，安酉地。玉犬长二尺九寸，高一尺，安戌地”。并强调“凡大葬后墓内不立盟器神，亡灵不安，天曹不管，地府不收，恍惚不定，生人不吉，大殃咎也”。①

根据以上墓葬出土文物与古代丧葬文献，可以明确武威西夏墓中的“金鸡”“玉犬”木板画，当属冥器之一种，“金鸡”“玉犬”亦被古人视为墓葬神煞，常以成对的形式安置于古代墓葬之中。同时，甘肃武威西夏木板“金鸡”“玉犬”的出土，在一定程度上改变了学界过去多认为此对冥器主要流行于中国南方的看法，为重新审视中国古代的丧葬文化与习俗地域分布问题提供了新的参考资料。

二、“金鸡玉犬”的信仰功能问题

对于金鸡、玉犬为何能够演变为墓葬冥器，其实早在清乾隆年间修订的《协纪辨方书》中既已提出这一疑问。《协纪辨方书》引《神煞起历》曰：

> 金鸡鸣玉犬吠并鸣吠对日，相传始于郭公而定于卲子，举世用之，大葬日曰金鸡鸣玉犬吠，小葬日曰鸣吠对。试问何为金鸡玉犬，何为对？则莫知所由来也。盖生人之礼属于阳，葬者藏也，则属于阴。夫人身有生死，一世之阴阳也。阳取乎阳阴取呼阴，各从

① 《永乐大典》第九一册，北京：中华书局，1959年，第3828、3829页。

其类，道本自然耳。时日之阴阳分于日之出没，日出东方为阳，生人之事也；日入西方为阴，送终之事也。金鸡者酉，为日入之门；玉犬者戌，为闭物之会。然埋藏于土而不敢犯土。凡支干属土者，如戊己名都天，辰、戌、丑、未名大墓，皆所不宜，故不用戌而用酉。溯酉而上至午而止。午乃一阴之始，过午而巳，则六阳之卦也。用五酉以为主。巳阴土属酉，故亦不忌。是谓金鸡也。[①]

《神煞起历》主要从鸡、犬与十二地支对应的术数角度将它们理解为“金鸡者酉，为日入之门；玉犬者戌，为闭物之会”。但《协纪辨方书》编者却认为：

相传始自郭璞，谓之金鸡鸣玉犬吠日，而不知其所由。……何以为鸣吠耶？曰一行之言金鸡鸣、玉犬吠，上下相呼，亡魂安稳。人之葬也，归于土。戌为终万物之地，至亥则又为始矣，故亥曰登明。然则戌者指葬地而非指葬日也。言择日必以酉为主，则是金鸡鸣于上，而地下之玉犬与之吠应；上下相呼，而亡魂安稳矣。酉，辛也。然辛不居酉而居辛，辛金也，玉金之精也，故有金鸡玉犬之号。人事行于地上，魂魄安于地下，正以地上之金鸡呼地下之玉犬，而非用鸡日、犬日之谓也。[②]

据其文义，《协纪辨方书》更多认为金鸡、玉犬主要取于“地上之

① 李零主编:《中国方术概观·选择卷》,北京:人民中国出版社,1993年,第222页。
② 李零主编:《中国方术概观·选择卷》,第223页。

金鸡呼地下之玉犬”、“上下相呼，而亡魂安稳”的理念。笔者按：《神煞起历》与《协纪辨方书》针对金鸡、玉犬的解读并非毫无道理，特别提出“戌者指葬地而非指葬日”的观点，在一定程度上确认了玉犬的冥器性质。不过，由于《协纪辨方书》更侧重讨论鸣吠日和鸣吠对日的丧葬时日择吉问题，因此对金鸡、玉犬的意涵解释仍不够清楚。已有文字资料显示，古代丧葬与金鸡、玉犬的关联性在南朝时期既已形成。《太平广记》卷四六一引南朝宋《齐谐记》：“广州刺史丧还，其大儿安吉，元嘉三年（153年）病死，第二儿，四年复病死。或教以一雄鸡置棺中，此鸡每至天欲晓，辄在棺里鸣三声，甚悲彻，不异栖中鸣，一月日后，不复闻声。”南朝梁《述异记》卷上记：“济阳山麻姑登仙处，俗说山上千年金鸡鸣玉犬吠。”死亡与金鸡的象征关系，在北朝社会谶纬谣言中也曾出现，《隋书·五行志》载：“周初有童谣曰：‘白杨树头金鸡鸣，只有阿舅无外甥。静帝隋氏之甥，既逊位而崩，诸舅强盛。”

需要强调的是，敦煌藏经洞出土P.3647《葬书（拟）》是目前所知最早明确说明金鸡、玉犬信仰功能的资料，写卷记载：“征姓宜干冢甲穴，凡诸一步麒麟，为主守狗，用大吉……宫角二姓宜用艮冢丙穴，凡诸三步合丙穴，丙为凤凰，凤凰，亡人鸣鸡，大吉。”卷中麒麟、凤凰系古代丧葬择吉中的墓葬神煞。编撰于宋金间的《重校正地理新书》曾引《冢记》介绍道：“麒麟为守狗，使我知人来。凤凰为鸣鸡，使我知天时。章光为奴婢，给使我钱财。玉堂为庐宅，仓廪及高堂。四神皆备，魂魄宁。”①由此明了，《冢记》中的“我”即P.3647《葬书

① [宋]王洙撰，毕履道、张谦整理：《重校正地理新书》，《续修四库全书》第1054册，上海：上海古籍出版社，2002年，第98页。

(拟)》中的“亡人”墓主，“守狗”“鸣鸡”则分别是“玉犬”与“金鸡”；而金鸡、玉犬作为代表凤凰和麒麟的墓葬神煞，被古人认为在墓葬中可以起使墓主“知天时”“知人来”的作用，其目的就是能让墓主“魂魄宁”。

隋萧吉《五行大义》曾记载：“酉为鸡、雉、乌者，酉为金，威武之用……《说题辞》云：‘鸡为积阳，南方之象。火，阳精，物炎上，故阳出则鸡鸣，以类感也。’……《方伎传》云：‘太白扬光则鸡鸣，荧惑流耀则雉惊。’……戌为狗、狼、豺，戌为黄昏，干为天门，戌既属干，昏暗之时，以〔警〕备也。《京氏别对》曰：‘狗为主行，以防奸也。’《易》曰：‘艮为狗。’艮既是门阙，狗以防守也。”[①]这里很好地阐释了鸡、犬在人间生活中的特殊功能——司时和警备，应当正是由于具备以上价值和功能，作为十二生肖的鸡、犬从而能够以冥器的形式进入墓葬，发挥为亡者“知天时”和“知人来”的作用。

三、“金鸡鸣玉犬吠”与中国古代的丧葬择吉

与金鸡玉犬信仰伴随产生的应当还有金鸡鸣日、玉犬吠日等一系列丧葬时日择吉的观念。依据《协纪辨方书》的解释，所谓鸣吠日、鸣吠对日，分别为每月之中的庚午、壬申、癸酉、壬午、甲申、乙酉、庚寅、丙申、丁酉、壬寅、丙午、己酉、庚申、辛酉，以及丙寅、丁卯、丙子、辛卯、甲午、庚子、癸卯、壬子、甲寅、乙卯。但如详细分析，可以看到《协纪辨方书》的解释存在一定误区或者说误解，这主要从两个方面可以看出：

---

① [隋]萧吉著，钱杭点校：《五行大义》，上海：上海书店出版社，2001年，第152、153页。

一是《协纪辨方书》认为选择鸣吠日进行丧事活动，必会产生“上下相呼，而亡灵安稳”之效应。根据敦煌写本P.2534《阴阳书·葬事》的记载来看，其中所谓“上下相呼”实际正确表述应为“上下不相呼”或“上下不呼”，如P.2534《阴阳书·葬事》言：

壬寅日，金，定，地下壬申，金鸡鸣玉狗吠，上下不呼。此日葬及殡埋，神灵安宁，宜子孙富贵，大吉昌。起殡、发故、斩草、起土，大吉。角征二姓用之，凶。

丙午日，水，成，地下丙辰。金鸡鸣玉狗吠，上下不呼。此日葬及殡埋，神灵安宁，子孙富贵，起殡、发故、斩草、起土，大吉，宫征二姓用之凶。

辛酉日，木，开，地下辛丑。金鸡鸣玉狗吠，上下不呼。此日葬及殡埋，神灵安宁，宜子孙，福隆后嗣。起殡、发故、斩草、起土、除服，吉。宫商二姓用之凶。

同样的表述也见于《重校正地理新书》，该书明确记载“旧说金鸡鸣玉犬吠，上下不相呼”。这一现象说明古代葬书在宋明之际的传播过程中，原本“上下不相呼”中的“不”字被脱漏了，《协纪辨方书》中“上下相呼”的错误表述应由此而来。

二是《协纪辨方书》将“上下不相呼”的双方对象理解为“地上之金鸡呼地下之玉犬”，这不能不说又是一重大误解。因为古代葬书中的所谓上、下，通常是指人间与阴间的意思，因此不相呼的动作发出对象实为阴间的亡者和人间的生者，换句话说，“上下不相呼”中的“上下”意为阴阳两界。在古人的思想观念中，入墓后的亡者经常会因冢讼、鬼注等种种原因而加害人间生人，所以古代许多买地券或镇墓文无不反复强调要通过各种仪式实现人鬼隔绝、人鬼分离的状态，否则就会发生注害的生命危险，有些措辞甚至还相当严厉。如《东汉光和五年（182年）蒲阴县刘公砖地券》称：“生死异路，不得相妨。死人归蒿里戊己。地上地下，不得前□。”[①]《隋大业六年（610年）临湘县陶智洪买地陶券》强调：“生恋皇天，死居地泉。生死异域，勿延山川。”古代笔记小说对此种观念同样记录清晰。《太平广记》卷二九三引《搜神记》，说胡母班因替泰山府君送信的机缘来到地府，他却看到亡父要“着械徒作”三年，于是向泰山府君求情，希望能让亡父到家乡作一“社公”。怎能想此后发生了胡母班的儿子“死亡略尽”的怪异现象。胡母班不得不向泰山府君叩请原因，泰山府君的回答就是“生死异路，不可相近”。原来回到家乡担任“社公”的亡父因思念孙子，故“召”之亲近，才引发后面一系列死亡的后果。胡母班不得不请求泰山府君“撤”了亡父的“社公”之职，才保住以后再有儿子皆安然无恙。该故事与古代镇墓券均极为明确地展明了中国古代社会关于“死亡世界”的根本观念——来自阴间的鬼魂对于阳间的生者是有生命威胁的。[②]而故事中胡父对孙子的“召”，其实就是敦煌写本葬书中反复提及的“呼”。所以“呼”在中国古代信仰世界中多被认为是亡魂对生者的一种严重危害行为，如敦煌写本P.2534《阴阳书·葬事》言：“丙寅日，火，满，地下丙申日，金鸡鸣、玉狗吠。此日殡埋、启殡、发故、斩草、起土，吉。商羽二姓用之，呼人，凶。”《重校正地理新书·

① 张传玺：《中国历代契约汇编考释》，北京：北京大学出版社，1995年，第54页。

② 张传玺：《中国历代契约汇编考释》，第248页。

五姓墓内神祇方位傍通》提醒“墓耗，犯之，呼人口，大凶”。宋傅洞真《太上玄灵北斗本命延生经注》卷中《注解经文》也解释“征呼者，因阴司考谪，乃追及生人”。

由此看来，中国古代丧葬择吉之所以选择鸣吠日、鸣吠对日的真正缘由，乃是古人认为唯有在这些特定的时间中从事丧事活动，方能产生“金鸡鸣玉狗吠，上下不呼”的效应，强化人鬼隔绝，进以达到“生死异路，不得相妨”的现实目的。这一思想既是一种信仰，更是与“蒿里老人”的文化意涵一样，实系中国传统社会生命医疗观念的鲜活展示。而以上效应的产生，端赖于墓葬中作为冥器的金鸡、玉犬，可以为亡者“知天时”和“知人来”，确保墓主“魂魄宁”。武威西夏二号墓木板画“金鸡”和“玉犬”，无疑正是这一历史文脉下的产物。

随着本书对武威西夏二号墓“蒿里老人”“金鸡”“玉犬”等木板画研究的深入探绎，日益认识到学界以往有关该墓葬29块木板画的研究是极为“粗放”的，由此得出的诸如武威西夏墓葬俗主要受佛教影响等结论自然具有片面性。[①]通过本文可以看到，包括《葬书》在内的敦煌术数文献可以为准确解读武威西夏墓木板画提供重要讯息与切入点，因此，打破敦煌学与西夏学之间的学科壁垒，贯通彼此，或许可以成为推动彼此学术增进的重要助力。

① 陈炳应:《甘肃武威西郊林场西夏墓题记、葬俗略说》,《考古与文物》1980年第3期,第546—554页。

第十三章　武威西夏墓出土彩绘木板画“地轴”研究

一、武威西夏墓中的双龙首木板画定名再探

甘肃武威西夏二号墓出土有一块绘制双龙首龙身的木板画，该件木板画长9.5厘米、宽4.5厘米，[①]以土红色打底，用青、黄、红等色绘成呈U字形的双头连体龙，龙身平躺在下，通身连为一体，双龙首相向而视，龙首有耳无角，龙发向后飘扬，动感极强（见图1）。[②]

关于此件木板画的性质与定名问题，于光建先生据《大汉原陵秘葬经》以及出土双人首蛇（龙）身俑，认为是古代墓葬中的“墓龙”。[③]笔者按：白彬先生早在2006年即已指出，古代墓葬中的双人首蛇（龙）身俑并不是《大汉原陵秘葬经》记载的“墓龙”，而应是“地轴”或“勾陈”。于光建先生未能注意到这一观点和相关材料，故使用的诸多论据

---

① 宁笃学、钟长发：《甘肃武威西郊林场西夏墓清理简报》，《考古与文物》1980年第3期，第63—67页。

② 关于其形象描述参见陈育宁、汤晓芳《西夏艺术史》，上海：生活·读书·新知三联书店，2010年，第125页。

③ 于光建：《武威西郊西夏2号墓出土木板画内涵新解》，《西夏研究》2014年第3期，第69页。

图1 双龙首木板画，图片取自《武威西夏木板画》

已不能成立。此外，虽然作为古代墓仪制度重要文献之一的《大汉原陵秘葬经》记载了“墓龙”，学界为此也进行了不懈长期追索，[②]但时至目前却始终未能发现能够明确定名为“墓龙”的出土文物。在此背景下，武威西夏二号墓中的双龙首木板画就不应被贸然判定为“墓龙”。笔者认为，此件木板画很可能正是与隋炀帝墓中双人首蛇身俑性质相同的“地轴”，因为“地轴”的变相之一就是“龙首”。

二、隋炀帝墓出土双人首蛇身俑非“伏羲女娲”

入选“2013年度全国十大考古新发现”的江苏扬州曹庄隋唐墓（隋炀帝墓），是中国近年来重大考古成果之一。该墓葬主要由隋炀帝墓与萧皇后墓两座砖室墓构成，在萧皇后墓出土的随葬品中有一件双人首蛇身陶俑（见图2），曾一度受到学界和大众媒体的普遍关注。

束家平等学者在2014年首次公布了此件陶俑的出土情况，并介绍了

① 易立：《略论成都近郊宋墓中的龙形俑》，《四川文物》2009年第2期，第84—86页。

② 南京博物院、扬州市文物考古研究所、苏州市考古研究所：《江苏扬州市曹庄隋炀帝墓》，《考古》2014年第7期，第75页。

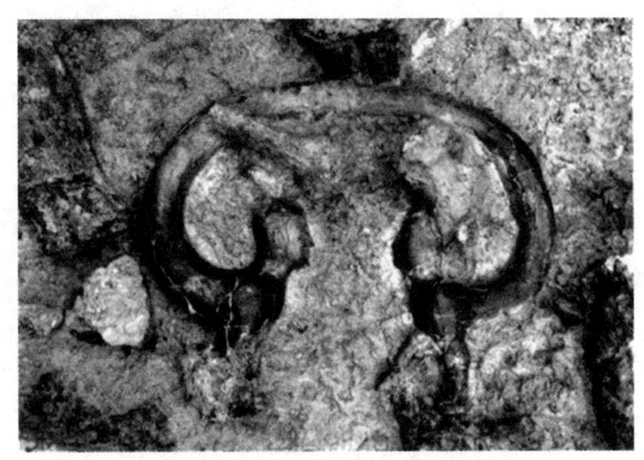

图2　“双人首蛇身俑”，图片取自《江苏扬州市曹庄隋炀帝墓》

同类陶俑的墓葬分布特点。[3]同时期的媒体大众则多将此件陶俑释作“伏羲女娲”。不过，时至目前学界关于此件陶俑的名称问题尚未落实或取得统一认识，对其性质、功用及历史演变亦未进行详尽探究。以上问题的厘清，不仅有助于解决隋炀帝墓随葬品的定名，而且对武威西夏墓葬出土的双龙首木板画研究亦有重要参考，并有助于拓展学界对古代中国丧葬礼俗与社会历史的认识。

双人首蛇身俑在古代墓葬中时有出土，目前所知，最早出现此类冥器的墓葬是葬于北齐武平四年（573年）的临淄崔博墓，[1]最晚者当是广东海康元墓，其他则主要集中在唐、五代、宋的墓葬之中，主要包括：山西长治宋家庄唐范澄墓、河北清河丘家那唐孙建墓、辽宁朝阳唐左才墓、河北文安唐董满墓、河南安阳唐杨偘墓、河北南和东贾郭唐墓、山西长治北郊唐崔拿墓、山西长治唐冯郭墓、湖南长沙牛角塘唐墓、湖北武汉石碑岭唐墓、辽宁朝阳黄河路唐墓、山西太原金胜村3号墓、天津军粮城刘家台子唐墓、河北献县唐墓、河南巩义孝西村唐墓、山西长治唐王休泰墓、四川彭山后蜀宋琳墓、江苏邗江五代墓、福建福州五代刘华墓、福建漳浦五代墓、四川邛崃宋墓、四川蒲江五

① 山东文物考古研究所：《临淄北朝崔氏墓》，《考古学报》1984年第2期，第235页。

星镇宋墓、四川广汉雒城镇宋墓、四川成都宋张确夫妇合葬墓、江西进贤宋吴助墓、湖北罗田宋墓、四川绵阳宋墓。[①]此类冥器的形象一般是两人首共一蛇身或龙身，蛇（龙）身平卧，人首一般为男性，有的为一男一女。江苏江阴北宋孙四娘子墓所出者略显特殊，系双蛇头共一蛇身。

20世纪50年代，蒋缵初先生最早考察了南唐二陵出土的双人首蛇身俑，认为其形象很可能代表的是伏羲、女娲。[②]60年代，徐苹芳先生推

---

① 以上考古报告分别参见长治市博物馆:《长治县宋家庄唐代范澄夫妇墓》,《文物》1989年第6期,第58—65页;辛明伟、李振奇:《河北清丘家那唐墓》,《文物》1990年第7期,第47—54页;辽宁省博物馆文物队:《辽宁朝阳唐左才墓》,《文物资料丛刊》6,北京:文物出版社,1982年,第104、105页;廊坊市文物管理所、文安县文物管理所:《河北文安麻各庄唐墓》,《文物》1994年第1期,第87—92页;杨宝顺、王清晨:《唐杨偘墓清理简报》,《文物资料丛刊》第6期,第130、131页;李振高、辛明伟:《河北南和东贾郭唐墓》,《文物》1993年第6期,第28—33页;长治市博物馆王进尧:《山西长治市北郊唐崔拿墓》,《文物》1987年第8期,第43页;长治市博物馆:《山西长治唐代冯廓墓》,《文物》1989年第6期,第52—54页;何介钧、文道义:《湖南长沙牛角塘唐墓》,《考古》1964年第12期,第633页;武汉市文物管理处:《武昌石碑岭唐墓清理简报》,《江汉考古》1985年第2期,第40—44页;李新全、于俊玉:《辽宁朝阳市黄河路唐墓的清理》,《考古》2001年第8期,第61—66页;山西省文物管理委员会:《太原南郊金胜村三号唐墓》,《考古》1960年第1期,第37—39页;云希正:《天津军粮城发现的唐代墓》,《考古》1963年第3期,第148页;王敏之、高良谟、张长虹:《河北献县唐墓清理简报》,《文物》1990年第5期,第28—32页;郑州市文物考古研究所、巩阳市文物保护管理所:《河南省巩义市孝西村唐墓发掘简报》,《文物》1998年第11期,第37—45页;沈振中:《山西长治唐王休泰墓》,《考古》1965年第8期,第391、392页;任锡光:《四川彭山后蜀宋琳墓清理简报》,《考古》1958年第5期,第24页;扬州博物馆:《江苏邗江蔡庄五代墓清理简报》,《文物》1980年第8期,第43页;福建省博物馆:《五代闽国刘华墓发掘报告》,《文物》1975年第1期,第64—67页;王文径:《漳浦县湖西会族乡五代墓》,《福建文博》1988年第1期,第29、30页;邛崃县文管所:《邛崃县发现一座北宋墓》,《成都文物》1987年第4期,第61、62页;陈显双、廖启清:《四川蒲江五星镇宋墓清理记》,《考古与文物》1986年第3期,第37—47页;翁善良、罗伟光:《四川广汉县雒城宋墓清理简报》,《考古》1990年第2期,第124—128页;成都市博物馆考古队:《成都东郊北宋张确夫妇墓》,《文物》1990年第3期,第2—10页;彭适凡、唐昌朴:《江西发现几座北宋纪念墓》,《文物》1980年第5期,第30页;罗田县文管所:《罗田县汪家桥宋墓发掘记》,《江汉考古》1985年第2期,第39、40页;何志国:《四川绵阳杨家宋墓》,《考古与文物》1988年第1期,第69—72页。

② 南京博物院:《南唐二陵发掘报告》,北京:文物出版社,1957年,第74页。

图3 “地轴”，图片取自《广东海康元墓出土的阴线砖刻》

测该冥器即《大汉原陵秘葬经》所记天子至庶人墓葬中的“墓龙”。①或许受徐苹芳先生观点的影响，此后不少考古报告把双人首蛇（龙）身俑考定为“墓龙”。笔者按：广东海康元墓出土多件有题名之阴线刻砖，其中一件为双人首共一龙（蛇）身，身体平卧，其旁题铭曰“地轴”（见图3）；另一件亦是两人首共一龙（蛇）身，但龙（蛇）身不像前件直接相连，而是呈相互缠绕状，其旁题铭曰“勾陈”。以上两件阴线刻砖具有极为重要的学术价值，其题铭清晰地表明在宋元时期，双人首蛇（龙）身俑直接相连者被称作“地轴”，相互缠绕者被称作“勾陈”。故白彬先生提出双人首蛇（龙）身俑并非学界此前所认为的“墓龙”，而是“地轴”或“勾陈”。②

江苏扬州隋炀帝墓出土双人首蛇身陶俑呈倒U字形通体相连，未缠绕交尾，据此笔者认为此件陶俑的正确定名应是“地轴”，目前尚未有直接证据能够表明此件双人首蛇身陶俑可以被考定为“伏羲女娲”。

---

① 徐苹芳：《唐宋墓葬中的“明器神煞”与“墓仪”制度——读〈读大汉原陵秘葬经〉札记》，《考古》1963年第2期，第94页。

② 白彬：《雷神俑考》，《四川文物》2006年第6期，第69页。

三、“地轴”的本形、变相及其他

“地轴”在历史文献中存有多个义项，一是指古代传说中大地的轴[①]；二是指墓葬中的随葬明器，《唐六典》卷二三“甄官令”条记载当时丧葬所用明器即有“当圹、当野、祖明、地轴、鞮马偶人，其高各一尺”[②]。《宋史·礼志二七》载“入坟有当圹、当野、祖思、祖明、地轴、十二时神、志石、券石、铁券各一”。成书于金元时期的《大汉原陵秘葬经》，其《盟器神煞篇》详细规定了天子、亲王至庶人墓葬中的各种明器，文中有《天子山陵用盟器神煞法》：“地轴二个，长四尺，安东西界各似本相也。”《亲王盟器神煞法》：“地轴二个，长二尺三寸，以本形安卯酉地。”《公侯卿相盟器神煞法》：“地轴二个，长二尺二寸，安卯酉地。”《大夫以下至庶人盟器神煞法》：“地轴二个，长一尺二寸，安堂东西界上。”并强调“凡大葬后墓内不立盟器神，亡灵不安，天曹不管，地府不收，恍惚不定，生人不吉，大殃咎也”。[③]上述文献有力呼应了前揭墓葬考古发现，进一步证明了“地轴”确是古代中国丧葬礼俗中常设冥器之一，主要摆放在墓葬的东西位置，同时揭示出“地轴”规格尺寸在这一时期呈现逐渐扩大的发展趋势。隋炀帝墓出土“地轴”的尺寸数据，笔者目前尚未掌握，相关单位正式公布后，可与唐、宋元时期“地轴”规格相比较。

特别值得注意的是，《大汉原陵秘葬经》有两处强调安放的“地轴”应“似本相”“以本形安”。“本相”“本形”同义，均是指本来面目或

① 如晋张华《博物志》卷一载“地有三千六百轴，犬牙相举”。

② 李林甫等撰，陈仲夫点校：《唐六典》，北京：中华书局，1992年，第597页。

③《永乐大典》91册，北京：中华书局，1959年，第3828、3829页。

原形，《大汉原陵秘葬经》强调“本形”的背后无疑暗示着“地轴”还有其他的样貌。那么“地轴”的本形究竟是什么样？程义先生研究指出“蛇”正是“地轴”的本形。[①]笔者认为其说可从，前揭江苏江阴北宋孙四娘子墓所出双蛇头共一蛇身俑即明证。那么双人首蛇身俑自然就应是“地轴”的另一种表现形式或者说变相，而且不排除还有其他变相，而“龙首”就是其中之一。对此，《太平经合校·佚文》收录《太上说玄天大圣真武本传神咒妙经》有明确记载：

> 《太平经》载：真君受元始符命神光宝书，统领天丁，收天关地轴。二魔王忽一见如鳖苍龟，其形五变。一现万丈巨蛇，其形三变。……谨显二魔变相：苍龟，一变色若金光，甲缝苍青；二变色如碧玉，甲缝含金；三变色若苍黄，甲纹光青；四变色如碧绿，甲缝含银；五变龙首鳖身，出紫金光，甲间碧玉。巨蛇，初变状若金色，鳞如赤丹；次变体现青碧色，鳞络金线；末变首如螭龙，身色苍黄，鳞间金玉。[②]

据《太上说玄天大圣真武本传神咒妙经》所记，“地轴”与“天关”作为二魔王被真君降服时，分别现其本形，地轴为“巨蛇”，天关是“苍龟”，其中地轴即“巨蛇”有三种变相，最后一变的形象为“首如螭龙，身色苍黄，鳞间金玉”。所谓“螭龙”，《后汉书·张衡传》载“伏灵龟以负坻兮，亘螭龙之飞梁”。李贤注引《广雅》曰“无角曰螭

① 程义：《唐宋墓葬里的“四神”和天关、地轴》，《大众考古》2015年第6期，第67页。

② 王明编：《太平经合校》，北京：中华书局，1960年，第737页。

龙”。武威西夏墓中的双龙首木板画中的龙头恰是有耳无角，其图像与《太上说玄天大圣真武本传神咒妙经》对地轴末变形象的文字记录完全一致，因此该件木板画系墓葬冥器“地轴”的可能性极大。

接下来的问题是，以“蛇”为本形的“地轴”为何能够进入墓葬之中？作为冥器又具有何种信仰功能？白彬《雷神俑考》一文认为“地轴”是雷神俑体系之一，雷神俑的出现与道教雷法的兴起有关，炼度幽魂是雷法的主要使命之一，因此将掌管三界九地的雷神置于墓葬之中，其意义在于炼度幽魂，以保护亡者灵魂免受邪魔精怪的侵扰。笔者按：该观点确实可备一说，但雷法的兴起大约是在北宋末年，记载“地轴”的道教文献也多为宋元时期，而北朝临淄崔氏墓与隋炀帝墓中业已出现了“地轴”，因此笔者认为道教雷法的兴起不应是“地轴”等冥器进入墓葬的唯一缘由，很可能还有更为久远的历史渊源。

结 语

本书将敦煌汉、藏文术数书与武威西夏木板画还原到敦煌文献整体和唐宋西北边疆社会的历史变迁中加以整合研究，通过对敦煌汉文、古藏文术数书文本异同的比较分析和历史学解读，以及开展与武威西夏木板画的图文互证，力求为学术界研究这一时期的历史文化提供一批翔实可靠的文献文本，并重点对唐宋河西敦煌区域社会史、吐蕃移民史以及汉、藏、西夏文化关系史开展研究。研究认为：

作为新近刊布的日本杏雨书屋藏敦煌天文气象占文献，羽42背《云气占法抄》与此前已知的敦煌本云气占书均不同，此件写本的发现与释录，进一步扩展了学界对中国古代天文气象占文献的认识，有助于保存并丰富中国古代的天文资料，并为学界整理和研究中国古代天文气象占文献提供了新的素材。俄藏敦煌文献Дx.11051A、Дx.11051B彼此可以直接缀合，缀合后的写本确切性质应是谶纬文献，而非学界此前所认定的星占书。Дx.11051A+11051B《春秋运斗枢抄》的发现和校理，是对学界既有谶纬文献整理成果的重要补充，尤其为《春秋纬》的辑佚、校勘工作提供了新的珍贵资料。

日本杏雨书屋藏敦煌写卷“羽15”的公布，为分藏于英、法等地区的各个残卷复归一卷提供了重要契机，使我们看到了有异于已知P.2856

的又一版本《发病书》的别样面貌。法藏敦煌文献P.4732V与P.3402V亦属一卷之裂，两者可以直接拼接缀合，缀合后的《发病书》抄写于吐蕃统治敦煌时期，是目前所知时代最早的敦煌本发病书，其抄写者很可能是敦煌著名吐蕃僧人恒安；P.4732V+P.3402V汉文、古藏文相混抄的现象，提示学界加强敦煌文献不同民族语言文字的整体关照与综合研究，是新时期进一步开掘和提升敦煌文献学术价值的必然趋势。敦煌写本《天牢鬼镜图并推得病日法》是由多件俄藏敦煌文献缀合而成，《俄藏敦煌文献》与学界此前对相关书叶的排布均有错乱，忽视了各书叶彼此的写本学关系以及卜辞文例的衔接性。新发现的线装本《张天师发病书》有力证实了发病书在古代中国的普遍流行和长期存在。敦煌本发病书以及传世本《张天师发病书》，为学界深入了解中国古代发病书的篇章构成与内容书写提供了极为珍贵的资料，弥补了唐宋至明清发病书史料链条的缺失环节。

敦煌藏文本P.3288V（2）《宿曜占法抄》、S.67878V《出行择日吉凶等占法抄三种》均为夹存在敦煌汉文文献中的古藏文术数文献。前者是以汉译佛经《宿曜经》为基础进行重新编排、翻译的产物，它的揭出有助于保存并丰富吐蕃的天文历史资料，并成为进一步深入研究汉译佛经向吐蕃社会传播的重要线索。S.67878V《出行择日吉凶等占法抄三种》的整理，推进了此前学界对夹存在敦煌汉文资料中的藏文文献关注不够、释读不详尽、考证不准确等问题的解决，也为解决同类敦煌汉文文书的残损问题提供了难得的文献参考。

学界以往对唐宋时代西北吐蕃部落历史的研究多依据正史资料，正史资料信息的有限性和书写者的身份背景，决定了既有成果难以窥探到吐蕃移民社会的深层历史。以实用性著称的一批敦煌藏文术数书，则为探绎唐宋之际敦煌吐蕃移民社会生活、礼俗信仰、医疗实况、文化建构等诸多问题提供了珍贵的第一手资料。作为现存时代最早的古藏文针灸禁忌文献，法国藏敦煌藏文写卷P.3288V《逐日人神所在法》主要根据汉文人神禁忌文献改编而成，有部分内容源自唐代中医典籍《千金翼方》或《外台秘要》。古藏文、回鹘文、西夏文人神禁忌文献的相继出土，说明作为医疗安全规范的中医针灸禁忌，不仅在唐宋时期的中原颇为流行，而且对中国古代的吐蕃、回鹘、西夏等少数民族均产生过重要影响。敦煌藏文本《逐日人神所在法》的发现，有力说明了唐宋之际以针灸术为代表的藏、汉医学有着紧密联系，并为解决吐蕃针灸医学在发展过程中曾积极借鉴、学习中医养分提供了直接证据和确凿的实证资料，是深入研究吐蕃医学形成发展以及汉、藏医学交流的珍贵新史料。两件藏文本《宅经》写本的发现，有力表明宅经文献不仅在古代汉族社会长期流行，同时对唐宋时代的吐蕃日常生活也有重要影响，是后者积极学习、编译、使用和传播汉文实用文献典籍的实证，进以成为深入研究和考量吐蕃政权崩溃前后流寓西北地区吐蕃后裔历史走向与生活实况的关键新资料，有助于填补正史记载缺失的缺憾和不足。从十二钱卜法书的写本学研究可以看到，敦煌藏文本卜法书改编自汉文本后，又在吐蕃移民社群内部进行了重新分类编纂，这一现象的背后透露的是吐蕃移民礼俗信仰具有多元化结构特点——苯、佛兼信，此礼俗特点也是同时代其他地区吐蕃后裔信仰生活的普遍现象。这一历史事实正是敦煌藏经洞为何出现大量古藏文苯教文献与佛教文献并存现象的根本原因。

随着敦煌汉、藏文乌鸣占书中乌鸦的神使身份与信仰功能的厘清，敦煌汉、藏文乌鸣占书的历史源流与文本传播，这一困扰国内外学者百年的学术问题被彻底解决，即两者均来源于中原古老汉文化中久远而具有重要影响力的北斗信仰，学界以往所认为的敦煌藏文本乌鸣占书是吐蕃文士自创或受印度文化影响的观点均没有依据，其事实是敦煌诸件藏文本乌鸣占写本是根据唐宋时代流行的汉文本乌鸣占书编译而成，只是适时地增添了一些吐蕃文化因子。

武威西夏29件彩绘木板画其性质为墓葬冥器，木板所绘制的各类图像是墓葬神煞——冥神。其中“蒿里老人”长期被学界误认为墓主人，实系中国古代冥界神祇之一，因属以世间政治体系为模型而建立的地府官僚，以及被古人视为遣祟致疾的重要病源，故为古代中国社会长期信仰。蒿里老人信仰，体现着传统中国基层乡老系统的重要作用与影响在古人死后世界中的一种精神延续，亦有着关乎古人疾病健康的医史背景。敦煌汉、藏文乌鸣占书文化传流的解决，也顺带厘清了武威西夏木板画“太阳（三足乌）”的问题，即乌鸦借北斗使者之神格身份，作为冥器进入墓中，其意在炼度幽魂，以保护亡者免受侵扰。鸡、犬木板画，系中国古代墓葬中的冥器“金鸡”和“玉犬”，因鸡、犬在人间生活中具有司时和警备的功能，从而能够以冥器的形式进入墓葬，为亡者“知天时”和“知人来”，确保墓主魂魄安宁。武威西夏二号墓中的双龙首木板画，是中国古代冥器“地轴”的变相，而非此前学界所认为的“墓龙”。上述图像所代表的武威西夏木板画，作为冥器和冥神均源自汉族丧葬文化，且多有着久远的信仰传统，与佛教文化基本无涉；以“木板画”作为冥器的表现形式也并非学界所认为的西夏特色，该种冥器形式早在甘肃天水放马滩秦墓中就已出现。这些现象充分展明了西夏社会对汉族丧葬习俗的高度认同，真切反映了唐宋时代汉、藏、西夏间文化认同与融合的最终历史归宿。

主要参考文献

一、古籍

1. [汉] 司马迁撰：《史记》，北京：中华书局，1959 年。

2. [汉] 王充著，黄晖撰：《论衡校释》，北京：中华书局，1990 年。

3. [汉] 王符撰，[清] 汪继培笺、彭铎校正：《潜夫论笺》，北京：中华书局，1985 年。

4. [晋] 葛洪著，王明校释：《抱朴子内篇校释》，北京：中华书局，1980 年。

5. [晋] 葛洪撰：《肘后备急方》，北京：人民卫生出版社，1983 年。

6. [晋] 许真人撰：《增补完全玉匣记》，北京：中医古籍出版社，2012 年。

7. [南朝宋] 范晔撰，[唐] 李贤注：《二十四史：后汉书》，北京：中华书局，1965 年。

8. [南朝宋] 贾思勰著，缪启愉校释：《齐民要术译注》，北京：中国农业出版社，1982 年。

9. [隋] 姚思廉撰：《梁书》，北京：中华书局，1973 年。

10. [隋] 巢元方撰，丁光迪主编：《诸病源候论校注》，北京：人民卫生出版社，1991 年。

11. ［隋］萧吉著，钱杭点校：《五行大义》，上海：上海书店出版社，2001 年。

12. ［唐］孙思邈撰：《备急千金要方》，北京：人民卫生出版社，1955 年。

13. ［唐］欧阳询等编，汪绍楹点校：《艺文类聚》，上海：上海古籍出版社，1982 年。

14. ［唐］魏徵等撰：《隋书》，北京：中华书局，1973 年。

15. ［唐］李延寿撰：《南史》，北京：中华书局，1975 年。

16. ［唐］欧阳修撰：《新五代史》，北京：中华书局，1974 年。

17. ［唐］房玄龄等撰：《晋书》，北京：中华书局，1974 年。

18. ［唐］李淳风撰：《乙巳占》，载李零主编：《中国方术概观·占星卷》，北京：人民中国出版社，1993 年。

19. ［唐］李隆基撰，［唐］李林甫注：《大唐六典》，西安：三秦出版社，1991 年。

20. ［唐］瞿昙悉达撰：《开元占经》，载李零主编《中国方术概观·占星卷》，北京：人民中国出版社，1993 年。

21. ［唐］李林甫等撰，陈仲夫点校：《唐六典》，北京：中华书局，1992 年。

22. ［唐］张鷟撰，程毅中、赵守俨点校：《隋唐嘉话·朝野佥载》，北京：中华书局，1979 年。

23. ［唐］刘昫等撰：《旧唐书》，北京：中华书局，1975 年。

24. ［唐］李涪撰：《刊误》，沈阳：辽宁教育出版社，1998 年。

25. ［唐］韩鄂撰：《四时纂要》，载《续修四库全书》，上海：上海古籍出版社，2002 年。

26. ［日］丹波康赖撰，高文铸等校注：《医心方》，北京：华夏出版社，1996年。

27. ［宋］王溥撰：《唐会要》，上海：上海古籍出版社，1991年。

28. ［宋］乐史撰：《宋本太平寰宇记》，北京：中华书局，2000年。

29. ［宋］司马光著，［宋］胡三省音注：《资治通鉴》，北京：中华书局，1956年。

30. ［宋］李昉等撰：《太平御览》，北京：中华书局，1960年。

31. ［宋］李昉等撰：《太平广记》，北京：中华书局，1961年。

32. ［宋］张君房编：《云笈七签》，北京：书目文献出版社，1992年。

33. ［宋］王洙等撰：《重校正地理新书》，载《续修四库全书》，上海：上海古籍出版社，2002年。

34. ［宋］洪迈著：《容斋随笔》，上海：上海古籍出版社，1995年。

35. ［明］任自垣等编纂：《道藏》，北京：文物出版社，上海：上海书店；天津：天津古籍出版社，1988年。

36. ［清］董诰等编：《全唐文》，北京：中华书局，1983年。

37. ［清］陈梦雷编纂：《古今图书集成·博物汇编·艺术典》，北京：中华书局，成都：巴蜀书社，1985年。

38. ［清］允禄等编撰：《协纪辨方书》，载李零主编：《中国方术概观·选择卷》，北京：人民中国出版社，1993年。

39. ［清］徐松辑：《宋会要辑稿》，北京：中华书局，1957年。

40. ［清］孙诒让撰，孙启治点校：《墨子间诂》，北京：中华书局，2001年。

41. ［日］高楠顺次郎编：《大正新修大藏经》，东京：大正一切经刊行会，1924年。

二、敦煌吐鲁番文献图录与辑校本、敦煌石窟图录

1. 王重民、向达等编：《敦煌变文集》，北京：人民文学出版社，1957年。

2. 商务印书馆编（王重名等编）：《敦煌遗书总目索引》，北京：中华书局，1962年。

3. 黄永武主编：《敦煌宝藏》（1—140），台北：新文丰出版公司，1981—1986年。

4. 大英博物馆监修，［英］罗德瑞克·韦陀编集：《西域美术》（1—3卷），东京：讲谈社，1982年。

5. 唐耕耦、陆宏基编：《敦煌社会经济文献真迹释录》（1—5辑），北京：书目文献出版社，1982—1990年。

6. 马继兴主编：《敦煌古医籍考释》，南昌：江西科学技术出版社，1988年。

7. 郑炳林：《敦煌地理文书汇辑校注》，兰州：甘肃教育出版社，1989年。

8. 中国社会科学院历史研究所、中国敦煌吐鲁番学会敦煌古文献编辑委员会、英国国家图书馆、伦敦大学亚非学院编：《英藏敦煌文献（汉文佛经以外部分）》（1—14），成都：四川人民出版社，1990—1995年。

9. 俄罗斯科学院东方研究所圣彼得堡分所、俄罗斯科学出版社东方文学部、上海古籍出版社编：《俄藏敦煌文献》（1—17），上海：上海古籍出版社，1992—2001年。

10. 郑炳林：《敦煌碑铭赞辑释》，兰州：甘肃人民出版社，1992年。

11. 上海古籍出版社、上海博物馆编：《上海博物馆藏敦煌吐鲁番文献》，上海：上海古籍出版社，1993年。

12. 上海古籍出版社、法国国家图书馆编：《法国国家图书馆藏敦煌西域文献》（1—34），上海：上海古籍出版社，1995—2005 年。

13. 黄征、吴伟编校：《敦煌愿文集》，长沙：岳麓书社，1995 年。

14. 俄罗斯科学院东方研究所圣彼得堡分所、上海古籍出版社等编，史金波主编：《俄罗斯科学院东方研究所圣彼得堡分所藏黑水城文献汉文部分》（1—7），上海：上海古籍出版社，1996 年。

15. 邓文宽辑校：《敦煌天文历法文献辑校》，南京：江苏古籍出版社，1996 年。

16. 马继兴、王淑民、陶广正、樊正伦辑校：《敦煌医药文献辑校》，南京：江苏古籍出版社，1998 年。

17. 上海图书馆、上海古籍出版社编：《上海图书馆藏敦煌吐鲁番文献》（1—4），上海：上海古籍出版社，1999 年。

18. 彭金章、王建军、敦煌研究院编：《敦煌莫高窟北区石窟》第一卷，北京：文物出版社，2000 年。

19. 敦煌研究院编：《敦煌遗书总目索引新编》，北京：中华书局，2000 年。

20. 史树清主编：《中国历史博物馆藏法书大观》第十二卷，上海：上海教育出版社，2001 年。

21. 彭金章、王建军、敦煌研究院编：《敦煌莫高窟北区石窟》第二卷，北京：文物出版社，2004 年。

22. 郑炳林、王晶波：《敦煌写本相书校录研究》，北京：民族出版社，2004 年。

23. 郑炳林：《敦煌写本解梦书校录研究》，北京：民族出版社，2005 年。

24. 西北民族大学、上海古籍出版社、法国国家图书馆编纂：《法国国家图书馆藏敦煌藏文文献》(2)，上海：上海古籍出版社，2006 年。

25. 陈于柱：《敦煌写本宅经校录研究》，北京：民族出版社，2007 年。

26. 金身佳：《敦煌写本宅经葬书校注》，北京：民族出版社，2007 年。

27. 沈澍农：《敦煌吐鲁番医药文献新辑校》，北京：高等教育出版社，2016 年。

28. 郑炳林、黄维忠主编：《敦煌吐蕃文献选辑·占卜文书卷》，北京：民族出版社，2016 年。

29. 房继荣：《敦煌本乌鸣占文献研究》，兰州：甘肃人民出版社，2016 年。

30. 关长龙：《敦煌本数术文献辑校》，北京：中华书局，2019 年。

三、今人专著

1. 王重民：《敦煌遗书论文集》，北京：中华书局，1984 年。

2. 何炳郁、何冠彪：《敦煌残卷占云气书研究》，台北：艺文印书馆，1985 年。

3. ［英］托马斯著，李有义、王青山译：《东北藏古代民间文学》，成都：四川民族出版社，1986 年。

4. 黄永武：《敦煌古籍叙录新编》，台北：新文丰出版公司，1986 年。

5. ［日］村山修一编著：《阴阳道基础史料集成》，东京：东京美术出版社，1987 年。

6. 王尧、陈践编著：《敦煌吐蕃文书论文集》，成都：四川民族出版社，1988 年。

7. 史金波、白滨、吴峰云编著：《西夏文物》，北京：文物出版社，1988 年。

8. 钟肇鹏：《谶纬论略》，沈阳：辽宁教育出版社，1991 年。

9.《讲座敦煌》，东京：大东出版社，1992 年。

10. 郑炳林：《敦煌碑铭赞辑释》，兰州：甘肃教育出版社，1992 年。

11. 李零：《中国方术概观?选择卷》，北京：人民中国出版社，1993 年。

12. 荣新江：《英国图书馆藏敦煌汉文非佛教文献残卷目录》，台北：新文丰出版公司，1994 年。

13. 顾颉主编：《星命集成》（1—3），重庆：重庆出版社，1994 年。

14. ［日］安居香山、中村璋八辑：《纬书集成》，石家庄：河北人民出版社，1994 年。

15. 郑炳林、羊萍：《敦煌本梦书》，兰州：甘肃文化出版社，1995 年。

16. 张传玺：《中国历代契约汇编考释》，北京：北京大学出版社，1995 年。

17. 荣新江：《归义军史研究——唐宋时代敦煌历史考索》，上海：上海古籍出版社，1996 年。

18. 赵建雄：《宅经校译》，台北：云龙出版社，1996 年。

19. 王尧主编：《法藏敦煌藏文文献解题目录》，北京：民族出版社，1999 年。

20. 邓文宽、马德：《中国敦煌学百年文库·科技卷》，兰州：甘肃文化出版社，1999 年。

21. ［俄］孟列夫主编：《俄藏敦煌汉文写卷叙录》，上海：上海古籍出版社，1999 年。

22. 黄正建：《敦煌占卜文书与唐五代占卜研究》，北京：学苑出版社，2001 年。

23. 罗秉芬主编：《敦煌本吐蕃医学文献精要》，北京：民族出版社，2002 年。

24. ［法］马克·卡林诺斯基：《中国中世时期的占卜与社会——法国国

家图书馆与大英图书馆所藏敦煌写本研究》，巴黎：法国国家图书馆，2003年。

25. 王卡：《敦煌道教文献研究——综述·目录·索引》，北京：中国社会科学出版社，2004年。

26. 张涌泉等：《浙江与敦煌学：常书鸿先生诞辰一百周年纪念文集》，杭州：浙江古籍出版社，2004年。

27. ［日］高田时雄著，钟翀等译：《敦煌·民族·语言》，北京：中华书局，2005年。

28. 张弓：《敦煌典籍与唐五代历史文化》，北京：中国社会科学出版社，2006年。

29. 许建平：《敦煌经籍叙录》，北京：中华书局，2006年。

30. 甘肃省藏学研究所编：《安多研究》，北京：民族出版社，2006年。

31. 余欣：《神道人心——唐宋之际敦煌民生宗教社会史研究》，北京：中华书局，2006年。

32. 刘进宝、［日］高田时雄主编：《转型期的敦煌学》，上海：上海古籍出版社，2007年。

33. 杨宝玉：《敦煌本佛教灵验记校注并研究》，兰州：甘肃人民出版社，2009年。

34. ［法］麦克唐纳著，耿升译：《敦煌吐蕃历史文书考释》，西宁：青海人民出版社，2010年。

35. 王晶波：《敦煌写本相书研究》，北京：民族出版社，2010年。

36. 陈育宁、汤晓芳：《西夏艺术史》，上海：生活·读书·新知三联书店，2010年。

37. 郑炳林、黄维忠：《敦煌吐蕃文献选辑·文化卷》，北京：民族出版社，2011年。

38. 陈于柱：《区域社会史视野下的敦煌禄命书研究》，北京：民族出版社，2012 年。

39. 王晶波：《敦煌占卜文献与社会生活》，兰州：甘肃教育出版社，2013 年。

40. 郑炳林、陈于柱：《敦煌占卜文献叙录》，兰州：兰州大学出版社，2014 年。

41. 黄正建：《敦煌占卜文书与唐五代占卜研究》（增订版），北京：中国社会科学出版社，2014 年。

42. 郜惠莉主编：《俄藏敦煌文献叙录》，兰州：甘肃教育出版社，2017 年。

四、论文

1. 徐苹芳：《唐宋墓葬中的“明器神煞”与“墓仪”制度——读〈读大汉原陵秘葬经〉札记》，《考古》1963 年第 2 期。

2. 宁笃学、钟长发：《甘肃武威西郊林场西夏墓清理简报》，《考古与文物》1980 年第 3 期。

3. 陈庆英：《〈斯坦因劫经录〉、〈伯希和劫经录〉所收汉文写卷中夹存的藏文写卷调查》，《敦煌学辑刊》1981 年第 2 期。

4. 马世长：《敦煌县博物馆藏星图·占云气书残卷》，载《敦煌吐鲁番文献研究论集》，北京：中华书局，1982 年。

5. ［日］菅原信海：《占筮书》，载《讲座敦煌》（5），东京：大东出版社，1992 年。

6. 荣新江：《敦煌写本〈敕河西节度兵部尚书张公德政之碑〉校考》，载《周一良先生八十生日纪念论文集》，北京：中国社会科学出版社，1993 年。

7. [日] 宫崎顺子：《敦煌文书〈宅经〉初探》，《东方宗教》1995年。

8. [法] 马克：《法国战后对中国占卜的研究》，《世界汉学》1998年第1期。

9. 黄维忠：《P.T.55号〈十二支缘生相〉初探》，载《贤者新宴》，北京：北京出版社，1998年。

10. 邓文宽：《敦煌本〈唐乾符四年丁酉岁（877年）具注历日〉“杂占”补录》，载《敦煌学与中国史研究论集》，兰州：甘肃人民出版社，2001年。

11. 王爱和：《敦煌占卜文书研究》，兰州大学博士研究生学位论文，2003年。

12. 赵贞：《敦煌占卜文书残卷零拾》，载《敦煌吐鲁番研究》第八卷，北京：中华书局，2005年。

13. 邓文宽、刘乐贤：《敦煌天文气象占写本概述》，载《敦煌吐鲁番研究》第九卷，北京：中华书局，2006年。

14. 张志清、林世田：《S.6349与P.4924易三备写卷缀合研究》，《文献》2006年第1期。

15. 陈践：《敦煌藏文ch.9.II.68号“金钱神课判词”解读》，《兰州大学学报》（社会科学版）2007年第3期。

16. 陈楠：《敦煌藏汉鸟卜文书比较研究》，载《敦煌吐鲁番研究》第十卷，上海：上海古籍出版社，2007年。

17. 刘永明：《日本杏雨书屋藏敦煌道教及相关文献研读札记》，《敦煌学辑刊》2010年第3期。

18. 郝春文：《〈六十甲子纳音〉及同类文书释文、说明和校记》，《敦煌学辑刊》2011年第4期。

19. 黄正建：《国家图书馆藏敦煌写本〈逆刺占〉札记》，载《敦煌文献·考古·艺术综合研究——纪念向达先生诞辰110周年国际学术研讨会论文集》，北京：中华书局，2011 年。

20. 游自勇：《敦煌本〈白泽精怪图〉校录——〈白泽精怪图〉研究之一》，载《敦煌吐鲁番研究》第十二卷，上海：上海古籍出版社，2011 年。

21. 许建平：《杏雨书屋藏〈诗经〉残片三种校录及研究》，载《庆祝饶宗颐先生九十五华诞敦煌学国际学术研讨会论文集》，北京：中华书局，2012 年。

22. ［日］岩本笃志：《敦煌占怪书〈百怪图〉考——以杏雨书屋藏敦煌秘籍本和法国国立图书馆藏的关系为中心》，载《中国古代的礼仪、宗教与制度》，上海：上海古籍出版社，2012 年。

23. 赵贞：《Дx.6133〈祭乌法〉残卷跋》，《敦煌研究》2012 年第 1 期。

24. 于光建：《武威西郊西夏 2 号墓出土木板画内涵新解》，《西夏研究》2014 年第 3 期。

25. 刘英华：《敦煌本 P.3288 3555A V°藏文星占文书研究之一——九曜和二十八宿名表释读》，《西藏民族大学学报》（哲学社会科学版）2017 年第 5 期。

26. 刘英华、金雷、范习加：《法藏敦煌本 P.3288 3555A V°藏文星占文书研究（其一）——吐蕃藏文堪舆图研究》，《西藏研究》2018 年第 1 期。